文字卷

中华吉祥文化丛书

刘德龙 主编

刘德龙 贾斌昌 著

泰山出版社·济南·

图书在版编目（CIP）数据

中华吉祥文化丛书. 文字卷 / 刘德龙主编；刘德龙，贾斌昌著. -- 济南：泰山出版社，2020.3
ISBN 978-7-5519-0580-0

Ⅰ.①中… Ⅱ.①刘… ②贾… Ⅲ.①中华文化—通俗读物②汉字—文化—中国—通俗读物 Ⅳ.① K203-49 ② H12-49

中国版本图书馆 CIP 数据核字 (2020) 第 013374 号

ZHONGHUA JIXIANG WENHUA CONGSHU　WENZI JUAN
中华吉祥文化丛书　文字卷

策　　划	葛玉莹
主　　编	刘德龙
著　　者	刘德龙　贾斌昌
责任编辑	王艳艳
装帧设计	路渊源

出版发行	泰山出版社
社　　址	济南市泺源大街2号　邮编 250014
电　　话	综 合 部（0531）82023579　82022566
	市场营销部（0531）82025510　82020455
网　　址	www.tscbs.com
电子信箱	tscbs@sohu.com
印　　刷	东港股份有限公司
开　　本	170毫米×240毫米　16开
印　　张	12.5
字　　数	230千字
版　　次	2020年3月第1版
印　　次	2020年3月第1次印刷
标准书号	ISBN 978-7-5519-0580-0
定　　价	50.00元

总　序

吉祥，《说文解字》释曰："吉，善也。从士，从口"；"祥，福也。从示，羊声"。此外，吉祥又为梵语，音译作"室利""师利""尸利"，又称为"吉羊"，如吉祥果、吉祥草、吉祥物等，多用于释家。后来，它与中华民族向善向好的美好生活追求相融合，形成了别具特色的中华民族吉祥文化。

吉祥文化在我国影响很大，它深深融入民众生活，不但形成了多姿多彩的吉祥民俗事象，深刻影响着民众的生活、思维、心理、精神，还形成了大量的吉祥语言，丰富了我国各民族的传统文化。

一、吉祥文化的产生

在我国各民族丰富多彩的生产生活实践活动中，在我国历代文化典籍中，都留下了大量的吉祥语言和吉祥事象，成为我国众多民族文化遗产中别具民族特色的一朵奇葩。

吉祥文化是在民众丰富多彩的生产生活中产生、传播和使用的，表达了民众对美好幸福的追求和探索，也体现了民众趋利避害的心理。例如，在农业习俗中，农家以立春作为一年农作的开始，在立春这天，过去有鞭春牛的习俗，现在的习俗则是集体"出行"，放鞭炮，并象征性地刨一刨土，说一套吉利话："一刨金、二刨银、三刨刨了个聚宝盆。"在商业习俗中，开业时往往张贴"金日开业""开门大吉"等吉利语。

我国春秋时期已经有"万寿无疆""天子万寿""南山之寿"等吉祥语的记载。那时的典籍《易经》更被认为是中华吉祥文化集大成者，也是中华吉祥文化的重要源头。它通过测算、预测，再配合某些方法避害趋利。例如关于数字，《易经》中就将其分为吉祥运暗示数、次吉祥运暗示数、凶数运暗示数、首领运暗示数、财富运暗示数、艺能运暗示数、女德运暗示数、女性孤寡运暗示数、孤独运暗示数、刚情运暗示数、温和运暗示数等多种。《易经》认为，"一"最大最吉祥，是"太极"；"三"最佳，象征天地人融洽相处；"八"象征八卦；"五""九"为九五之尊。"见龙在田"就是吉象，象征有可能遇见贵人，得到重用，走出徒有其志的困境。吉、利、永、贞、元、亨等字，也成为我国吉祥文化中最有典型吉祥意义的表述。

吉祥文化体现的心理和意识，来源于原始信仰。吉祥文化产生于古人对生活的不安全感。先民对大自然带来的一切灾难，对自身疾病、瘟疫和死亡充满迷惑和畏惧，为了寻找精神庇佑，就产生了万物有灵的观念，并且创造了图腾，用以凝聚力量，表达人们避邪求吉的心理，这就是原始信仰。原始信仰后来演化为复杂的民间信仰，形成对观音、财神、土地城隍及家神、自然神等这些臆想的神，以及神话中的人物，或者所谓的精灵等的信仰。古人把这些信仰的对象当成自己贿赂的对象，通过向它们烧香、磕头、许愿，让它们给自己带来利益，完全把崇拜对象看成是自己的保护神。民间信仰与禁忌十分庞杂，包括自然崇拜、动植物崇拜、神灵崇拜、巫术等，也包括民间原始宗教、道教、佛教，以及民间俗信等内容。

人们还赋予动植物以吉祥的象征。如以麒麟为仁兽，认为龙是中华民族的象征，凤为百鸟之王，龟象征尊贵、安闲、长寿。仙鹤、喜鹊、鸳鸯、鸽子、麋鹿、雄狮、猛虎、牛、马、大象、鲤鱼、蝴蝶、蜘蛛等，都被赋予吉祥美好的含义。而花草树木有花有果实，也能够表示吉祥意义，如梅、竹、松、南瓜、长春花、杞菊、槐、红豆、石榴、橘、佛手、芙蓉等。在生肖中，十二生肖都可以构成大量的吉祥用语，表达丰富美好的情感。又如，在端午节，人们把插艾和菖蒲作为节俗的重要内容之一。家家都洒扫庭除，以菖蒲、艾条插于门楣，悬于堂中。还用菖蒲、艾叶、榴花、蒜头、龙船花，制成人形或虎形，称为"艾人""艾虎";制成花环、佩饰,妇人争相佩戴,用以驱瘴。

早在几千年前的《诗经》等文学作品中就已经有了许多美好的词语,丰富了我国吉祥文化的审美宝库。它们通过名言警句、优美的篇章、美好的故事,成为吉祥文化重要的载体和重要的创新平台、传播渠道。

明清时期,我国吉祥文化发展到了高峰,突出表现在剪纸、年画、对联、建筑、陶瓷、玉器、菜名以及刺绣、印花、请安祝颂等事象中和社会交际生活的方方面面。

二、吉祥文化的展现

经过几千年中国传统文化的传承与发展,吉祥文化已经非常繁盛。吉祥文化广泛深刻地融入了大众生活,在节庆活动、衣食住行日常生活中,在语言交际、非语言交际过程中,在生产劳动、商贸往来中,在婚丧嫁娶、庆典仪式中,在宗教信仰、精神世界中,都蕴含着大量的吉祥文化因素。徐华龙先生在其《中国吉祥文化》一文中,将吉祥文化分为物体吉祥、行为吉祥、语言吉祥、文字吉祥和数字吉祥等五类。宁业高先生则在其《中国吉祥文化漫谈》一书中将吉祥文化分为语言文字吉祥、祝词贺语吉祥、人名称号吉祥、地舆政域吉祥、天文生物吉祥、时令人事吉祥、衣食住行吉祥等七类。

大量的吉祥语言、吉祥词语,构成了吉祥文化的主要内容。它包括文明礼貌语言、吉利话、誓语、寿福禄语、诫勉语、祈语、问候语、祝贺语、颂词、口彩语、谐音语、委婉语等,是中华民族吉祥文化的主要载体。例如,道光十七年(1837年)《临清县志》载,旧时下催妆时男家向女家赠一雄鸡,迎亲时,女家将雄鸡配以雌鸡一同送还,俗称"长命鸡"。在给新人铺床时,要撒栗子、枣、花生于床的四周,并且配上一些口彩乞巧话,如"今年吃了栗子枣,明年生个大胖小儿";娘家在女儿妆盒内也放些麸子、盐,寓贤惠、有福,也寓"福缘";在送亲途中,队伍前有撒"大吉"帖的,"大吉"帖用四方红纸书一"吉"字,寓吉日良辰。

祭祀是民众生活中的重大活动。在祭品上,讲究三碗菜、三碗水饺,每碗三个水饺,顺"神三鬼四"之说以表示所敬者为"神";把用榆树枝扎成的挂满纸钱的树状物叫"摇钱树";烧祭用的纸叫"黄表""元宝""金锞子";香折了忌说"断",而说"存"。并且在祭奠时每每都有一套讨口彩的顺口溜,如祭灶时,就说"灶君上天,有啥说啥,多加美言,少说闲话",或说"上天去,您多言好事;下界来,您广降吉祥"。

交际场合,也有很多吉祥事象。例如,宴席必上鱼。以"鱼"谐"余",表示虽然宴席要结束了,但幸福、快乐没有完结,仍然有余。新人结婚时,亲戚、邻居多赠送红枣、栗子等吉祥之果。在这里用"枣"谐音"早",用"栗子"谐音"立子",借此祝福新郎、新娘早生贵子。新娘下轿后,扬烟、栗子、枣、花生于其全身及院落,寓早生子、多子多孙、烟火绵绵;新娘入洞房前要在一个红杌子上坐坐,叫"坐坐性",寓让其驯服;新娘迈过门槛时,脚要踏糕和筷子,谐音"高""快",讨"步步高、快发财、快生子"的口彩。有的新娘进房后,登床走一圈,象征着踩倒婆婆全家,不受夫权管束;新娘坐定床沿,就要吃"宽心面",也叫"长汤",谓不想娘家,面条顺滑,寓顺利;然后吃糕,并且故意煮不熟,主持人问新娘"生不生",新娘一定要回答"生";新婚之夜要灯烛长明,叫燃"长命灯",寓意夫妻白头到老。

几乎所有的民间节庆,均有吉祥事象。如山东大部分地区春节必做年糕、枣山、豆腐。鲁中地区还做"团圆饼",祈求年年高、全家福。鲁东南地区做"合菜",用粉丝、胡萝卜丝等凉拌而成,红绿相间鲜美可口,象征和睦。元宵节多以灯卜丰歉,灯节时间为正月十四至十六,十四主麦,十五主谷,十六主豆,"正月十五雪打灯,当年有个好收成"。

"中国古典民居是中国古人生活与社会活动及精神世界的展现,是人居和环境和谐统一思想的体现,也是中国古代吉祥文化和各种吉祥物的体现。"①民居通过脊兽、影壁、门枕、墙、门等装饰，巧妙展示了吉祥文化。

房院建设过程中，也有很多吉利话。在选用建房木材时，往往以木材种类名称的谐音讨口彩，如用杏木做门，以求幸福；榆木做梁，以求余粮；松木做叉手，以求长寿。鲁西南地区喜欢用楝木做床，谐音"连子"。在安门窗时，要贴"昨日太公从此过,说是今日好安门""安门大吉""安窗大吉""太公在此"的条幅或横幅。在上梁时要贴"上梁大吉"，以求吉利。梁上拴一红绸，吊一串铜钱，谐"十全"；门两边底石、影壁上刻、画蝙蝠、鹿，或书写"福""禄"；院内多栽牡丹花、石榴树、槐树，把牡丹花称为"富贵花"，以为"榴开百子""留子孙"。胶县（今山东省胶州市）有谚"门前一棵槐，不是进宝，就是招财"；滕县（今山东省滕州市）还有吃槐籽的祈子习俗，以求"怀子"。

此外，还有禳解时所用的一套吉利语，有的叫"巧话"，如吃了脏东西，便说"不干不净，吃了没病"；砸碎了器物，便说"旧的不去，新的不来"；钱物受了损失，便说"拿钱买寿，去钱消灾"。有的叫"顺口溜儿"，如杀鸡时，就说"鸡呀鸡，你别怪，你是我的一碗菜；有心不杀你，又怕那客来怪；罢呀罢，还是杀了罢"。有的很长，叫"佛儿"，如老太太抽烟时所唱："我这个老嬷嬷儿八十八，耳不聋来眼不花，伸手摸起火镰匣儿，吃袋香烟解解乏。大儿做高官，二儿是探花；一对姑娘是灵芝草，一对媳妇是牡丹花。前院里一棵梧桐树，后院里一棵芙蓉花。梧桐树上落凤凰，一辈子一个状元郎，富贵荣华咱是头一家，我念弥陀佛。"

民众还喜欢吉利的数字，如衣扣的数量以单数为吉利，与扣眼合成双；送嫁妆、送粥米的人数喜双，取"成双成对"之意；以三、六、

---

① 陈燕：《浅析中国古典民居中的吉祥文化对旅游的影响》，《乐山师范学院学报》，2011年第26卷第5期，第78页。

九为吉祥数字,特别崇拜"六",取"六六大顺"之意;又崇拜"八",对"五一八""八八八"等数字趋之若鹜;因为"七上八下"的成语,又崇拜"七",寓意蒸蒸日上。

三、吉祥文化的表达

吉祥文化来自劳动,是在民众的生产劳动、社会生活、与自然和他人交往的过程中被发明创造、不断丰富、传承使用的。

首先,吉祥文化多用象征表意,即借助于一些常见的事物,表示吉祥的含义。例如春节时贴的对联,两句吉语,一方红纸,表示辞旧迎新,祈福增寿,内容多以耕读世家、万象更新、新春欢乐、福寿康宁、春山绿水、五谷丰登、繁荣昌盛为主。还要在床头贴"身体健康",灯火处贴"小心烛火",主屋正墙贴"招财进宝",橱柜上贴"黄金万两""鱼肉满橱""衣服满柜",院墙上贴"吉星高照",牲畜栏门上贴"六畜兴旺",车上贴"日行千里"或"牛行虎步,车动雷声",门口对面墙、树上贴"出门见喜",其他小件家具上,一律贴"酉",谐"有"音,寓富有。除夕夜守岁,济宁曲阜一带要在中庭竖一竹竿,上悬灯笼,谓之"天灯";济南平阴等地,使灯终夜常明,叫"长明灯";而德州一带则将一捆谷草竖在天井之中点燃,用东西南北中五个方向代表五谷,谷草侧向何方,代表何处谷物来年丰收,叫"照天庭""照田蚕";济南长清则在大门外、村外烧蒿草"照天庭";潍坊昌乐以"掌庭灯"代之;聊城东阿一带则布灯,陈设灯笼或拉出电灯来"照请",旧时还烧"避瘟月"。这些活动,都具有一定象征意义。全家除夕吃的过年饭,也具有强烈的象征意义:一般主食是用大米和小米一块蒸的"干饭"或者水饺。菜肴讲究必须有鸡,寓"年年大吉",有鱼,寓"连年有余",全家人围坐在一桌,喝团圆酒。新年的第一顿水饺也很有讲究,鲁中一带常常包入花生、枣、栗子、钱币、糖块、麸皮等,祈求早得子、多子多福、人丁兴旺、生活甜蜜、发大财。煮水饺破时,不说"碎""烂""破",而说"挣了""挣了不少",有时还故意弄碎几个,以讨口彩。

其次,谐音成趣。甲乙两个词语,甲词语的语音形式与乙词语的语音形式相同或相近,而乙词语又具有吉祥、文雅的意义内容,人们便以两词语语音相同为条件故意造成谐音双关,使两词的意义相沟通,以此喻彼,以求吉利。在此基础上形成某种风俗习惯,有的叫"意头",有的叫"口彩"。民间春节贴福字,"福"以倒贴为好,讨"福到了"的口彩。为了强调谐音含义,民间还附会了许多故事。例如,贴福字据说是为了躲避姜子牙的老婆"穷神",倒贴"福"字据说是马皇后为了避免朱元璋乱杀人。传说朱元璋让家家门上都贴"福"字,其中有户人家不识字,竟把"福"字贴倒了。第二天,皇帝上街查看,发现这家把"福"字贴倒了,大怒,命令御林军将这家人抓起来,满门抄斩。马皇后忙对朱元璋说:"这家人知道您今日来访,故意把福字贴倒的,这不是'福到'的意思吗?"皇帝一听有道理,便下令放人。从此人们便将福字倒贴,一求吉利,二为纪念马皇后。在生育习俗方面,曲阜旧时习俗,女子婚后三年不生者,元宵夜到街上偷灯吃,一般偷刘姓("刘"谐音"留",寓意留住孩子)和戴姓("戴"谐音"带",寓意怀上孩子)的,民谣曰:"偷刘家的灯,当年吃了当年生;有了女孩叫灯哥,有了男孩叫灯成。"牟平、乳山、文登等地"剩"谐音"圣",当地群众过春节蒸大饽饽临结束时,总要用剩下的几块小面团(有时干脆就是提前预备下的)捏几条头似龙或蛇、身上有刺的所谓"剩虫"。民间认为,有一种能使衣食剩余的神虫,老百姓用节口剩下的面团蒸"剩虫",将它放在粮仓、囤子及衣橱里,祈求它会带来五谷丰登、衣食有余的好生活。此以"剩"寓"圣",跟以"鱼"寓"余"有异曲同工之妙。"剩(圣)虫"是一个较常用的方言词。民间比喻某种东西长时间吃不完、用不完或者取不完,便会说"出来剩虫"了。这一带准备过门或过门不久的新媳妇,最希望穿上婆婆给她做的新棉裤,认为穿上婆家的棉裤,以后的新生活将会粮米成仓成库,吃穿不愁，家业兴旺。而婆婆常乐于满足儿媳这一不高的要求。其实，棉裤事小，讨个吉利事大。以"裤"谐"库"，取其寄托之义。

同样的，甲乙两词语音相同，而乙词语的内容与死亡、灾难等不吉利的意思有关，民间便采取某种方式加以避讳。避讳也是为了吉祥。古时候的渔民在渔业生产中缺乏安全保障，遇风浪造成翻船、死人的事情常有发生。久而久之，渔民们便形成一些求平安、保康宁、图吉利的迷信习俗。为了避开"翻船"的"翻"，甚至也避开与"翻"字相同的音，就称翻身为"划身儿""划个儿"，称"帆"为"篷"，称"帆船"为"篷船"。为避开"完了""了了"的说法，打完一船鱼叫"满了"，把酒喝完叫"把酒满出来"，如此等等。每到过年之时，胶东一带就要蒸一种很大的馒头，叫作"大饽饽"。蒸的时候，由于火势很猛，常常使大饽饽裂开口子，当地人叫"笑了"，从不说"裂口子"。笑是人的动作，当地人赋予饽饽"笑"的动作，更增加了喜庆色彩。

再次，还用冠以喜庆吉祥的字、词去称代、比喻事物。如用"喜"冠以生育词语，求子叫"拴喜"，怀孕叫"有喜""害喜"，生孩子叫"添喜"，并到娘家"报喜"，备"喜蛋"。小孩出生后直到成年之前，又以红色庇佑其无病无灾，健康生长，如戴红肚巾、扎红腰带、钉红衣领子；每年端午节，用红布缝小鸡在帽子或衣袖上，再串上辣椒种，取名"鸡餐豆"，以祈不生水痘。传统的风筝多用人物、走兽、花鸟、器物等形象，或者民间喜闻乐见的神话故事，寓意福寿双全、连年有余、四季平安。

此外，还直接使用唱词，用表演性质的语言，表达吉祥的含义，有的叫"佛歌"，有的叫"巧话"。例如，大年初一敬天地，就有相关的吉祥歌词，供人们念叨："大年初一天气寒，多拜老天一整年。金香炉，银供桌，两把烧香往上搓。五个供，五个馍，五碗干菜随和着，满堂儿女把头磕。"泰安则有上供歌："大年五更地里寒，灶王老天整一年，金香炉，玉石桌，五碗供，三盘馍，五碗扁食往上托。先烧元宝后烧纸，大男小女把头磕，南无阿弥陀佛。"

最后，使用禁忌进行禁限，也是吉祥文化的一种表现方式。对于出行，从"父母在，不远游"，到"老不上北，少不上南""老不入川，少不游广"，就是一种禁忌。旧时人出行忌"黑道日"，即每月的初五、十五、二十五不利出行；而"杨公忌"之日更是禁忌出门，即正月十三、二月十一、三月初九、四月初七、五月初五、六月初三、七月初一、七月二十九、八月二十七、九月二十五、十月二十三、十一月二十一、十二月十九，这些日子忌出行。时至今日，"三六九，向外走；二五八，赶回家"仍是大众的普遍习惯。

四、吉祥文化的传承

几千年来，中华传统吉祥文化随着中华民族优秀传统文化的传承创新，一直展现着鲜活的生命力，展现着我们民族的文化心理、文化渊源、情感方式，展现着伟大中华民族追求幸福、平安的美好愿望。

吉祥文化的传承是全面的。生产生活中节庆、交际、商贸、婚嫁以及姓名等各类吉祥文化都在继承中发展，在传承中创新。

姓名。不只是一个符号，在很大程度上，姓名代表的是父辈对后代的希冀。以前有的人家都会花钱请算命先生测孩子的生辰八字，通过五行（即金、木、水、火、土）的旺衰，预测未来喜忌，再用与五行相应的字命名。

年画。年画、剪纸等民间艺术，传承着吉祥文化。年画是喜庆、吉祥之物，能给新年带来好兆头；剪纸、红灯笼、鞭炮、窗花、福字，现在仍然是过春节的标志，烘托着喜气洋洋的节庆氛围。

中国结。一根线绳缠来绕去，环环相扣呈"八"字形，就叫"八结"，又叫"八吉"，原本是佛教法物的"八吉祥"之一，后成为民众喜欢的挂饰。

纪念币。通过经艺术设计的寿桃、蝙蝠、南瓜、藤蔓、莲花、鲤鱼、鸳鸯、并蒂莲等纹饰、图案、符号，再用借喻、比拟、双关、谐音、象征等手法，以此表现中国人的生命意识、审美情趣和民族性格。中国人民银行发行的2015年吉祥文化金银纪念币一套8枚，其中金币4枚，银币4枚。该套吉祥文化金银纪念币分别表现"五福拱寿""瓜瓞绵绵""年年有余""并蒂同心"四大中华传统吉祥文化，为纪念币增添了一抹浓浓的吉祥色彩。

商标。商标是生产者在其商品或者经营标记上，由文字、图形或两者组合构成的，用于区别商品或者服务来源，具有显著特征的标志。借鉴传统吉祥文化，充分体现民族文化价值和意义的设计理念，用吉祥图案的"形""意""色"在商标中的创新再现，实现了形式美、形象美、意味美。[1]

吉祥物。南京举办的中国第十届全运会的吉祥物"金麟"，既是古都"金陵"的谐音，同时也是传统吉祥物麒麟。2008年北京奥运会的会徽采用的是中国印，使用了吉祥色中国红。而2008年奥运会的吉祥物福娃系列更是传统吉祥符号的生动体现。

为了系统展现和传播中华吉祥文化，我们民俗学会的几位同仁从十年前便召开了一系列的吉祥文化研讨会，例如枣庄石榴与吉祥文化研讨会、聊城葫芦与吉祥文化研讨会，开始酝酿研究各类吉祥文化事象，提出了大约十几个选题，准备出版一套有关吉祥文化研究与普及的小丛书，并开始撰写各个选题的初稿。由于同仁工作变动等原因，原定的十几个选题，至今只陆续完成了九部，分别为语言卷、文字卷、服饰卷、饮食卷、商贸卷、民间艺术卷、民间信仰卷、动物卷、人生礼仪卷。

由于吉祥文化研究的融合度大，学术的边际范畴划分模糊，广义

---

[1] 参见陈苹：《论中国吉祥文化在商标设计中的运用与创新》，硕士学位论文，苏州大学，2007。

概念很大，狭义概念难以明确，所以，在写作过程中，我们确定了一些原则，首先，必须是吉祥事象、吉祥含义、吉祥语言，不论是哪一卷，所描述、叙写、论述的内容，必须具有吉祥的意义，以示与其他文化的区别。其次，对于相同的吉祥文化载体，按照各卷角度的不同，进行叙述和描写，各卷之间相互独立，单独成书。

还有一点需要说明：在语言风格、叙述描写、论述评价等方面，我们没有强求一致，体例上只划分了一级、二级标题，制订了一些写作规范要求，以便于各位作者能够呈现出各自的风采。

习近平总书记提出了"文化自信"这个宏大而坚定的命题，这给中华优秀传统文化研究和普及带来了又一个春天。泰山出版社高度重视这个选题，积极组织、多次协调，保证了这套书的出版。各位作者对原稿又加大了修改力度，最终使书稿定型为现在的这个样子。张廷兴、王加华两位教授统筹书稿，反复审阅，付出了心血。在此，我作为主编，对他们表示真诚的感谢。盼望本丛书能给读者带来对中华吉祥文化较为系统和感性的认知，一起弘扬中华民族的优秀传统文化。

是为序。

刘德龙

2018年5月30日

目　录

前　言	1
第一章　吉祥文字的形成	5
一、文字的崇拜	5
二、造字的模式	14
三、先民的意识	30
第二章　神圣的文字	42
一、图腾文字	42
二、古老的文字	78
三、神灵牌位与碑文	80
四、帝王与名人的题字	82
五、敬惜字纸	83
第三章　企盼的文字	88
一、福寿的文字	88
二、富贵的文字	99
三、平安的文字	113
四、吉祥的文字	116
五、喜庆的文字	120
第四章　美好的文字	128
一、青春美好的文字	128
二、美好景色的文字	132
三、优秀品德的文字	136

四、人品修养的文字……………………………………………152
第五章　吉祥文字的载体……………………………………………157
　　一、器物上的吉祥文字……………………………………………157
　　二、钱币上的吉祥文字……………………………………………160
　　三、建筑装饰中的吉祥文字………………………………………162
　　四、挂饰图样中的吉祥文字………………………………………164
第六章　吉祥文字的继承与创新……………………………………169
　　一、吉祥文字的构成特点…………………………………………169
　　二、文字与吉祥的发展变异………………………………………180
参考文献………………………………………………………………182
后　　记………………………………………………………………183

前　言

　　汉字属于一种表意文字，绝大部分文字一个字就可至少表示一种意义。汉字通过象形、指事、会意、形声等造字手段，赋予字形一定意义。这与拼音文字的纯粹表示读音不表意义截然不同。既然每个字都表示一定的意义，那么有的意义表示美好吉祥，有的则与之相反，表示美好吉祥意义的文字就被称为"吉祥文字"。

　　民间把"福""禄""寿""喜""财""忠""义"等表示好运、幸福、长寿、发财、加官晋爵、子孙满堂、品德高尚含义的一些吉利、美好、祝福的文字进行神圣化提升，赋予了丰富的吉祥文化内涵，变成了超出汉字本身的各种神灵和信物，大量地使用在民众生活的方方面面，作为审美精神和文化的装饰。这反映了人们对美好事物的向往和对幸运的渴求，由此形成了中国特有的吉祥文字文化。

　　吉祥文字的形成是文字崇拜的结果。文字崇拜是汉字吉祥文字形成的源头。从古老的关于文字起源的传说，到半坡彩陶和龙山黑陶文字符号，到岩画简单直接的形象描摹，到龟甲兽骨上成形的文字，再到民众在一些场合和仪式中使用汉字的种种吉祥寓意和习俗，整个吉祥文字起源与发展的过程，都是文字崇拜推动的结果。

　　吉祥文字的形成也与汉字的造字模式密切相关。汉字的造字模式是汉字吉祥文字形成的机制。一是象形表意决定了汉字的装饰性，人们愿意用美好的文字装饰、美化自己的生活，如在器皿、用品、建筑、家具上使用"福""寿"的纹路。二是汉字的同音特点决定了声音的联想和创造，人们利用谐音的特点，将文字、事物与美好的同音字联系起来，形成特有的吉祥寓意，如"象"谐音"祥"，"鱼"谐音"余"。三是汉字的会意决定了汉字造字功能的强大，人们善于利用两个、三个文字的偏旁或者文字，组合成一个会意文字，表示吉祥的意义，如"鑫""犇""晶""囍"等。四是汉字的形声造字，也给汉字造字以无穷的空间，人们可以根据形旁，造出一批与形旁吉祥意义相关的吉祥文字，如"贝"造出"贷、货、财、贡、资"等表示财富的吉祥文字，"礻"造出"礼、礽、祀、神、祝、祖、祚、福、祥、祯、祐"等吉祥文字。五是汉字的字体和笔画具有很强的装饰性，如可以利用"回"字，组成接连不断的装饰纹路。六是汉字与图画、物件的组合性强，可以组合出很多的吉祥寓意，如三只羊可以组合出"三阳开泰"，两只鸳鸯可以组合出"成双成对""比翼双飞"的象征意义。七是汉字与中国文化关联度大。汉字本身就是中国文化的一个主要事象，同时又是中国文化的主要载体，它记录着中国文化的丰富信息，包括大量的吉祥文化信息，是中国文化的活化石。

先民的意识与中华传统文化积淀，是吉祥文字形成的社会学基础。"人之初，性本善"，先民和传统文化一直把向善和追求美好生活，当作自己的基本意识和基本思想，由此延伸出了表达福禄寿喜、祈求庇佑等思想意识的一系列吉祥文字。所以，吉祥文字大量出现在民众生活的方方面面，例如吉祥名字、吉祥数字、吉祥动物、吉祥植物。并且随着人们对这些吉祥文字的象征物的喜爱，演变出丰富的民俗文化活动，例如庭院种植石榴，寓意榴开百子、后代绵延，使得吉祥文字的影响更加强化。

先民对图腾、天体、灵魂等方面的信仰崇拜和民族文化审美，也融入语言体系中，形成了特有的语音、文字、词汇现象，随着文明的发展，吉祥与文字相互联系的意识更加强烈，吉祥文字的文化内涵愈加丰富和凝固。

吉祥文字是指那些基本含义、引申含义、象征含义吉祥，或在人们的生活习俗中被赋予了某种特定吉祥意蕴的文字。宁业高先生将其分为六大类，即福祺字类、寿考字类、富贵字类、康宁字类、龙凤字类、"六""八"字类。

吉祥文字从吉祥的含义和内容上，分为神圣的文字、企盼的文字、美好的文字几大类。

神圣的文字包括图腾文字，如龙、凤、麒麟、花、鱼、蛙、虎、狮、鹿、猴、狗、羊、蟾蜍、鹤、喜鹊、鸳鸯、象、喜蛛、蝙蝠、鸡、各种姓氏图腾文字等，也包括甲骨文、篆文、鸟虫书、河洛图、陶文等古老的文字，以及祭祀、禳解、祈祷、符箓等文字和符号。

企盼的文字包括福寿的文字、富贵的文字、平安的文字、吉祥的文字、喜庆的文字、利市的文字、向往与期盼的文字。

美好的文字包括青春的文字、美丽的文字、景色美好的文字、友爱与善良的文字、勤劳与勇敢的文字、忠孝仁义与正直的文字、人品修养的文字。

在漫长的历史发展进程中，吉祥文字被广泛应用在各个生活领域。一是用在器物上的吉祥文字，如建筑、家具文字装饰、瓷器文字图案；二是用在钱币上的吉祥文字；三是用在挂饰图样中的吉祥文字。同时，吉祥文字的构成形式日臻完善，吉祥文字地域性、民族性、时代性特点也更加鲜明。可以说，吉祥文字在商业化、民间化、民俗心理的支配下，在不断创新发展。

第一章 吉祥文字的形成

汉字的形成与汉字的特点是吉祥文字形成的语言学基础。汉字是表意文字,形成于描摹事物形体的象形文字,本身具有祈祷、昭示等巫术文化特征。此后又发展出六种造字方法,吉祥文化特征逐渐完善。

一、文字的崇拜

文字崇拜是汉字吉祥文字形成和发展的源头。文字崇拜主要表现在:一是关于文字起源的传说;二是半坡彩陶和龙山黑陶文字符号;三是岩画简单直接的形象描摹;四是龟甲和兽骨上成形的文字;五是民众在一些场合和仪式中使用汉字的种种吉祥寓意和习俗;六是一些宗教文字和符箓。

(一)关于文字起源的传说

民间关于文字起源的种种传说,使文字具有很强烈的神性和灵性。这些传说体现了先民对文字的崇拜。

1. 结绳记事的传说

"结绳记事"是关于文字起源的最早说法。人类早期是没有文字的,后为了适应生活的需要,以帮助表达、交换、记忆等,古人发明了"结绳记事":"上古结绳而治,后世圣人易之以书契,百官以治,万民以察。"(《周易·系辞下》)东汉许慎编撰的《说文解字》中也有"结绳而治"的说法。郑玄《周易注》说得更详细:"事大,大结其绳;事小,小结其绳。"但是结绳记事没有读音,也没有图形,不能算文字。

2. 仓颉造字的传说

仓颉也称苍颉,传说为黄帝的史官,生有"双瞳四目","生而能书,乃受河图录字,于是穷天地之变,仰观奎星圆曲之势,俯察龟文鸟羽、山川指掌而创文字"①。现在一般认为仓颉造字只是传说,他是黄帝时期的一名官员,可能使用汉字的机会多,也可能整理过许多汉字,甚至将整理的汉字颁布整个氏族部落,统一了部落的文字。民间传说也说仓颉在黄帝手下当官,黄帝派他专门管理牲口的数目、食物的多少等。他管理的方法就是在不同颜色的绳子上打结,代表不同牲口和食物,牲口或食物被领走,就解开其结。但时间一长,东西一多,就记不清楚了,于是他就想到了在绳子上打圈圈,在圈上挂各式各样的贝壳,来代替他所管理的东西。后来,随着黄帝给他管理的东西越来越多,这种标记越来越麻烦,他就根据野兽和人们的脚印,开始创造各种符号来表示事物。黄帝知道后,大加赞赏,命令仓颉到各个部落去传授这种方法。慢慢地,这些符号越来越精确,就逐渐形成了文字。

《淮南子·本经训》还记载:

  昔者仓颉作书,而天雨粟,鬼夜哭;伯益作井,而龙登玄云,神栖昆仑。能愈多而德愈薄矣。故周鼎著倕,使衔其指,以明大巧之不可为也。

可见,汉字的发明与创造,在中国古代史上的影响到底有多大,竟然到了"天雨粟,鬼夜哭"的程度。直到今天,人们为他建造的庙宇,还保存在全国各地。同时,这也增加了文字的神秘性和神圣性,并慢慢转化为人们对汉字的崇拜心理。

3.《河图》与《洛书》演化为文字的传说

《河图》与《洛书》是中国古代传说的两部神秘图书,历来被认为是河洛文化的滥觞、中华文明的源头。相传,上古伏羲氏时,洛阳东北孟津县境内的黄河中浮出龙马,背负河图,献给伏羲。伏羲依此

---

① 参见《春秋元命苞》。该书假托经义宣扬符箓瑞应,但内容庞杂宏富,涉及天文、地理、历史、神话传说等各方面。

而演成八卦,后为《周易》来源。又相传,大禹时,洛阳西洛宁县洛河中浮出神龟,背驮洛书,献给大禹。大禹依此治水成功,遂划天下为九州,定九章大法,治理社会,后流传下来收入《尚书》中,名《洪范》。《周易·系辞上》说"河出图,洛出书,圣人则之",指的就是这两件事。它们增加了文字的神秘性和功用性,固化了汉字的神圣性。

这些传说都与中华民族历史上伟大的氏族部落首领、伟大的发明家紧密关联,给汉字的起源笼罩了一层神秘色彩,说明了汉字起源的神秘性和神圣性,也为后来的文字崇拜提供了基础。

(二)半坡彩陶和龙山黑陶文字符号

西安半坡遗址属于新石器时代仰韶文化的代表,最鲜明的特征就是红质黑纹彩陶。其后的龙山文化,则以坚硬的黑陶为特征。半坡出土的彩陶上面发现了一些类似文字的简单刻画,和器物上的花纹图案有鲜明的区分。如鱼纹陶盆上的鱼纹陶饰展现了鱼游动时的矫健形象,从中可见其装饰性与图腾崇拜性,也可以看出"鱼"是象形文字的原始起源之一。

鱼纹陶盆

另外临潼姜寨遗址出土的半坡彩陶人面鱼纹锯齿饰尖底罐还绘有人面鱼纹陶饰,一个人口中有鱼、两手还托着两条鱼,表现出有鱼吃、吃不完、剩余、富裕的含义。

龙山黑陶上也有这种刻画,但数量不多,刻画的意义至今还没有完全阐释清楚,但"无疑是具有文字性质

人面鱼纹锯齿饰尖底罐

的符号，如花押或者族徽之类"①。

我国后来的陶器、铜器或者其他器物，就有"物勒工名"的传统。殷代的青铜器上也有一些表示族徽的刻画文字，和这些符号极为相似。

（三）岩画中的图画文字

岩画是在人类社会早期发展进程中，人类祖先以石器作为工具，用粗犷、古朴、自然的方法在山崖壁石上刻绘、记录他们生产方式和生活内容的图画、文字。

岩画

广西花山崖画是骆越人在两千多年前创造的艺术画廊，一说崖画描绘了骆越人敬祀蛙神的场面，表现了人们祭祀以及生产生活的场面。崖画共有84个地点，183处，287组画，主要分布于左江及其支流明江沿岸，绵延200多公里，另有5处分布于左江流域的凭祥市、天等县等处。这些崖画的主体形象为赭红色的人身蛙形人像。这些人像皆两臂弯肘上举，腿部自膝部垂直弯曲成直角，蹲成骑马式，犹如蛙泳。此外，还有奔犬、鹿、鸟、铜鼓、铜锣、星星、太阳等形象，有些已经具有象形文字的性质。2016年，左江花山崖画申遗成功，填补了我国岩画类世

花山崖画

---

① 郭沫若：《古代文字之辩证的发展》，《考古学报》，1972（1）。

界遗产的空白。

前些年在阴山山脉西部发现大批上自青铜时代、下迄明清时期的岩画,系由古代匈奴、突厥、蒙古等民族绘画凿刻而成。阴山地区人类活动的历史非常悠久,是北方汉族与游牧民族交往的重要地带,此地的岩画以艺术形式表现了古代游牧民族的社会生活及与汉族的交流活动,具有极高的文字和文物研究价值。

贺兰山岩画分布在宁夏贺兰山东麓三市九县(区)共27个地点。贺兰山在古代是匈奴、鲜卑、突厥、回鹘、吐蕃、党项等少数民族驻牧游猎、繁衍生息的地方。这些岩画凿刻了先民们生产生活的一些场景,表现了对美好生活的向往与追求。其中以人首像为主的占总数的一半以上,其次为牛、马、驴、鹿、鸟、狼等动物图形,这些图形都是当时人们所崇拜的动物形象,具有吉祥的含义。从中也可以看出一些象形文字的雏形。

(四)甲骨文字中的吉祥文字

清末光绪二十五年(1899年)秋,国子监的祭酒王懿荣生了疟疾,去中药店买药,在一种叫龙骨的中药上发现了类似文字的一些刻画图案。于是他把所有龙骨都买下来,共1500多片。他断定这些刻痕是刻在龟甲和兽骨上的古代文字。这个发现,在当时引起了轰动,文人学士和古董商人争购不已,并且找到了龙骨出土的地方——河南安阳小屯村,在那里又出土了大批龙骨。因为这些龙骨主要是龟类和兽类的甲骨,所以龙骨上的文字被命名为"甲骨文"。

这些龙骨上的图案,是殷商时代刻在龟甲兽骨上的文字,内容涉及当时的天文、历法、气象、地理、方国、

甲骨文

世系、家族、人物、职官、征伐、刑狱、农业、畜牧、田猎、交通、宗教、祭祀、疾病、生育、灾祸等内容，说明王室贵族上自国家大事，下至私人生活，无不求神问卜，以得知吉凶祸福决定行止。

在甲骨文里有很多吉祥文字。如，"且"就是"祖"的意思。关于这个象形文字，有的说是生殖崇拜，像男根；有的说是对神的一种崇拜；还有人说"且"字像是一个死者的牌位，后人供奉死者，就是对祖先的尊敬。

"休"是一个合体字、会意字。人靠在树旁休息，躺在床上休息，可以缓解疲劳，也可以做美梦，所以后来引申为吉庆、美善、福禄。

"安"表示一个女子在屋子里，是女子安居之意，也是社会安宁之意，即让人人有家，过上安定的生活。

"好"由"女""子"构成，左边是女人，右边是男人。一说左边是女人，右边是一个孩子，女人怀抱孩子或者怀孕了称为好；二说左边是女孩子，右边是男孩子，有儿有女，儿女双全就是好；三说左边是女人，右边是男人，男人女人合在一起才是好。

甲骨文可以说是殷人迷信鬼神的结果。农耕社会前期，由于生产力低下，中原地区的耕作完全靠天吃饭。由此，天意的观念逐渐形成，天地鬼神的信仰也普及开来。于是，占卜成了国家政治生活中的一件大事，朝廷设置了专门的机构和卜官。用龟甲占卜叫"卜"，用草占卜叫"筮"。占卜活动是一种沟通天地神灵的巫术手段。《周易·系辞下传》载："古者包牺氏之王天下也，仰则观象于天，俯则观法于地，观鸟兽之文，与地之宜，近取诸身，远取诸物，于是始作八卦，以通神明之德，以类万物之情。"这说明伏羲氏就是那个时代部落里最大的巫，也是最大的部落长，巫与政治统治合二为一。伏羲仰观天象、俯察地理而"作八卦"，就是要通过占卜的巫术手段达到"通神明""类万物"的目的。卜筮之风大盛的情形在古代典籍多有记载。顾炎武《日知录·卷一·卜筮》有详细的考证：

舜曰："官占惟先蔽志，昆命于元龟。"《诗》曰："爰始爱谋，爱契我龟。"《洪范》曰："谋及乃心，谋及卿士，谋及庶人，谋及卜筮。"孔子之赞《易》也，亦曰："人谋鬼谋"。夫庶人至贱也，而犹在著龟之前也，故尽人之明而不能决，然后谋之鬼焉。故古人之于人事也信而有功，于鬼也严而不渎。

之所以用龟甲占卜，史料里也有分析。《周易·颐卦》有"舍尔灵龟。"《淮南子·说林训》说："必问吉凶于龟者，以其历岁久矣。"古人以为龟长寿，可预知吉凶，故常用龟壳作为占卜工具。殷人尚龟，周人尚著，因龟有千年之寿，著有万丛之象，皆具天地之灵气，而犹以万丛之著下面隐伏着千年之龟为最好。因此，无论用千年之龟，还是万丛之著占算人事，无有不验者。甲骨中那些吉福的文字自然具有了神圣性，被人们顶礼膜拜，直接影响到先民的心理、语言、行为和信仰。后来海龟来源减少，不得不以牛的肩胛代替。关于占卜的最早、最全面的历史记载，当属《史记》中的《日者列传》，即卜筮人的传记。司马迁分析道："自古受命而王，王者之兴何尝不以卜筮决于天命哉！其于周尤甚，及秦可见。代王之入，任于卜者。太卜之起，由汉兴而有。"其中主要传主就是西汉楚地人司马季主，他在长安卜筮，告诉求卜的达官贵人宋忠、贾谊说：

> 述而不作，君子义也。今夫卜者，必法天地，象四时，顺于仁义，分策定卦，旋式正棋，然后言天地之利害，事之成败。昔先王之定国家，必先龟策日月，而后乃敢代；正时日，乃后入家；产子必先占吉凶，后乃有之。自伏羲作八卦，周文王演三百八十四爻而天下治。越王勾践放文王八卦以破敌国，霸天下。由是言之，卜筮有何负哉！且夫卜筮者，埽除设坐，正其冠带，然后乃言事，此有礼也。言而鬼神或以飨，忠臣以事其上，孝子以养其亲，慈父以畜其子，此有德者也。而以义置数十百钱，病者或以愈，且死或以生，患或以免，事或以成，嫁子娶妇或以养

生：此之为德，岂直数十百钱哉！此夫老子所谓"上德不德，是以有德"。

由此可见当时民众信仰占卜的情形以及占卜的主要内容和作用。

龟甲和兽骨中还有一部分文字是关于向祖先祈福的，也带有吉祥的含义。中华民族一贯注重奉先思孝，讲究敬奉先祖，如"光宗耀祖""不辱先祖""尊为鼻祖"。不要"数典忘祖"之类的成语或短语，大都反映了人们对先祖的敬仰和怀念。而"祖"在甲骨文里就是"且"。依甲骨文专家郭沫若的解释，这个"且"字像男子生殖器之形。由此观之，所谓崇拜先祖实质上就是崇拜男子的生殖器。古人劳动力低下，生产主要依靠人力，所以将生殖看成生活中的一项重要任务，将生殖现象看得十分神圣。在父系社会里，人们逐渐形成了"慎终追远""奉先思孝"的思想，常常要举行庆典和祭祀，把先公、先祖作为生殖神来膜拜。

（五）字纸崇拜

到后世，汉字的诞生与成熟使文化传播有了载体。可以说没有哪个民族像中华民族一样如此崇拜自己的文字。

我国古代的文字崇拜来源于对汉字的认识和态度。在古代，文字只被少数人掌握，是权贵的专权。对于大多数平民百姓而言，汉字神秘难测，他们根本没有机会和条件学习掌握，甚至一张自己不认识的卖身契就可以左右很多人的命运，于是就产生了对文字的膜拜。

除了文人学者对汉字本身科学的认识研究外，在中国社会特别是在民间，对汉字还普遍存在着一种非科学的认识和态度，由此产生了许多文字崇拜现象：关于造字的若干美丽传说；至今还使用的2000多年前的书写符号；特有的书法艺术与无数的书法迷、收藏家，以及中华民族的意志和精神。

文字产生后，历史不再仅仅是口口相传，通过文字记述的历史，更加翔实。"洛阳纸贵""罄竹难书""鸿雁传书""立字为据""白纸黑字"等成语都带有文字崇拜的迹象。

康熙帝书写的福字

中国传统文化中,凡是寺庙塔窟、建筑物、店铺,甚至是平民的庭院影壁,都喜欢请人题字,其题字的木刻或石刻,均被当作重要的文化遗产保存下来,其中皇帝的字更是宝贵。大约从清代康熙帝开始,每年腊月初一,皇帝都要御笔书写"福"字,悬挂、张贴在宫廷中,并颁赐王公大臣。康熙皇帝盛年时的墨宝"福"字,被誉为"天下第一福",极其珍贵。

敬惜字纸成为一种风俗。过去,由于识字看书是少数人的权利和享受,"盖文章,经国之大业,不朽之盛事"①,"书中自有黄金屋,书中自有颜如玉",因此民众以为文字是神圣的,甚至把佛教的因果报应与惜字与否联系起来,认为字有灵性,随意践踏、焚烧字纸,是要受到上天惩罚的;即便是无用的字纸也不能随意和其他杂物一起堆放,要用专门的字纸篓收集,然后焚烧。据说,在福建漳州,旧时字纸必须放进字纸篓,然后在特定的处所烧掉并把纸灰倒入九龙江中,以示尊重。在捡起字纸时还要在头上打个转圈表示恭敬再放进篓里。当时在古街巷的街头巷尾,建有一些焚烧字纸专用的字纸炉,直至20世纪30年代前后,观桥顶、经历巷、南台庙、大岸顶等处,还可看到这种焚烧字纸的专用处所。字纸炉依墙筑建,接岸结构,呈半六角形,空心似塔,炉门上面有个匾额"字纸炉",两边对联分别是"敬惜字纸、功德无量"或"毋弃六书片纸,只因一字千金"。在市区还常可见到有二三位身穿灰布长衫,年约四五十岁读书人模样的人,背着黄色布袋或麻袋,袋上都写有"敬惜字纸"字样,黄布袋写的是红字,麻袋写的是黑字,另一位则是肩挑竹篓,竹篓上面也写有"敬惜

第一章 吉祥文字的形成

---

① 《典论·论文》。

字纸"字样。他们走街串巷，捡拾路人遗弃的字纸，装满了便背到附近的字纸炉进行焚烧，定期把纸灰掏出倒入九龙江。据说上述捡字纸者，都是来自文昌宫的读书人。

符箓是汉字崇拜的极端表现形式。道教和佛教民间化、世俗化之后，充分利用汉字构造和汉字崇拜，创造出各种各样的符箓，用于不同的解禳场合，通过焚化、张贴、吞服等方式，将汉字崇拜发挥到极致。

汉字在今天，已成了中华民族灿烂文化的标志。在举世瞩目的北京奥运会开幕式上，《文字》这个表演展现的就是中国的活字印刷。而汉字数字化的成功处理，更增加了汉字在信息社会里的无穷生命力。

二、造字的模式

汉字的崇拜机制里，还有一个很大的因素就是造字的文化心理和由此形成的造字用字方式。一方面，它们放大了汉字的表意性，奠定了汉字作为表意文字的基础。即使相当多的汉字是形声造字，但由于表意偏旁的存在和表音偏旁的表意性，也不能改变汉字的表意性质。另一方面，汉字在其具体构造与使用过程中体现了一定的文化内涵，适应了当时的具体语境，使其文化功能更加彰显。

（一）象形表意决定了汉字的装饰性

关于汉字的构造，古人有"六书"之说，即象形、指事、会意、形声、假借、转注，其中前四者为造字之法，后二者为用字之法。东汉许慎在《说文解字·序》中说："仓颉之初作书，盖依类象形，故谓之文；其后形声相益，即谓之字。字者，言孳乳而寖多也。""象形者，画成其物，随体诘诎，日月是也。"象形就是以物象为主，或描摹实物，或画取状貌，朴素直观地展现事物的形态，具有鲜明的象形性、符号性特点。

原始的汉字都是靠视觉形式和手段（刻、绘、写）表现出来的，它要与被所表现的事物的体相吻合，然后经过笔画勾勒出来。

那么，稍微将汉字进行加工处理，就可能具有同图画一样的艺术审美效果。这不是拼音文字26个字母或平假名、片假名等所能相比的。

作为装饰的汉字，从内容上来讲，必须是吉祥的。例如：

（1）春联。据《山海经》记载：相传黄帝时代有神荼、郁垒专职捉鬼。汉代民众刻桃木为神荼、郁垒像立于门口驱邪。至六朝，民众在门上贴二神之画像即桃符。五代后蜀孟昶在桃符上题"新年纳余庆，嘉节号长春"开始代替桃符，到明代明太祖命官员在家门张贴春联，而后流传民间成为过年习俗。春联除了贴吉祥门联外，还贴很多吉祥词语和吉祥字，例如鸡鸭牛舍贴"六畜兴旺"，衣柜贴"衣服满橱""黄金万两"，床头贴"身体健康"，钱柜、保险箱、收银机上贴"招财进宝"，车辆船只贴"开车大吉"或"一帆风顺"，米缸粮仓贴"余粮万担"，其他地方贴"满""福""春""酉"字。

（2）房屋装饰。挂饰、福棚、窗花、床帷子、遮帘等上面都可以利用吉祥文字的表意性进行装饰。如纳西族用自己的象形东巴文字组成"一生平安""事业有成""勤奋比学""恭喜发财""马到成功""万事如意"等各种吉祥词句，以镜框形式装点得非常漂亮，很有民族特色。

（3）娱乐用品。很多娱乐用具为了吉利，都在颜色、字体等方面进行了装饰。如专用的桥牌字体，就是通过整形，变得更加吉祥了：红"壹"，被牌友们雅称为笑口常开的"罗汉"，也被比作宋朝的官帽；黑"十"变形为一个吉祥的"羊"字，被尊为招财进宝的吉祥字；黑"九"，其形像图腾崇拜的"龙"字，受到热捧；黑"一"，因形为"棺材"而取谐音升官发财。

（4）年画。与春联一样，年画被赋予强烈的吉祥意义。摇钱树是传说中能生长钱币的树，据说一摇晃树，树上就会有钱落下来。民间年画中就将字与图进行了合意改造，很好地体现了摇钱树的吉祥意义：一棵挂满了铜钱的大树，树顶有金龙吐钱，树上坐一童子，手持"一本万利"条幅；或一棵大树挂满金钱，树下有几个童子，有的持竹竿打树上的铜钱，有的在地上拾铜钱，有的抬着满筐铜钱高高兴兴地回家。

为了达到吉祥装饰的要求，人们采用以下方式突出汉字象形具意特点：

（1）发明和运用了多种字体，突出装饰的形象性。汉字的装饰由来已久，我国古代就有"秦分八体"之说，即大篆、小篆、刻符、虫书、

一本万利与黄金万两

摹印、署书、殳书、隶书。这八体被纳入各代规范字体的有大篆、小篆、隶书，其余五种则都是流行在民间的非正规用字，带有很强的装饰性和吉祥文化性。五代时南唐徐锴在《说文解字系传》中说："鸟书、虫书、刻符、殳书之类，随事立制，同于图画，非文字之常也。汉魏以来，悬针、倒薤、偃波、垂露之类，皆字体之外饰，造者可述。"

民俗字把"象形"这一特性演化成为一种装饰手段，"充分利用汉字以形表义的特质以及汉字的笔画结构特点，进行添加省减、夸张变形、加工美化"[1]，使字中有画，画中有字，图文相谐，妙趣横生。

（2）意义具象化。意义具象化就是把字或词语表达的意思具体形象化，如民间使用的吉祥文字图形"寿"字与老寿星的形象相结合、双喜字与龙凤形象相融合等。

东晋前秦女子苏蕙的织锦回文《璇玑图》，就是巧妙利用汉字意义具象的典型。据唐代房玄龄《晋书》卷九十六记载：窦滔妻苏氏，始平（今陕西兴平）人，名蕙，字若兰，善属文。她的丈夫窦滔为苻坚时的秦州（今四川）刺史，后被徙流沙（今甘肃敦煌），苏蕙思夫

---

[1] 何佳：《古为今用的现代包装设计》，硕士学位论文：沈阳理工大学，2008。

心切，于是织锦为回文《璇玑图》相赠。

全图回环宛转，词语凄婉。武则天记苏蕙织锦的缘由与《晋书》迥然不同。武则天当权执政后，于"听政之暇，留心坟典，散帙之次，偶见斯图，因述若兰之才，复美连波之悔过"，于是撰有《窦滔妻苏氏织锦回文记》。按武则天的说法，苏蕙是武功（今属陕西）人，陈留令苏道质第三女，她智识精明，仪容秀丽，谦默自守，不求显扬，16岁时嫁给秦州刺史窦滔，深得丈夫的敬重。后窦滔有宠姬赵阳台，能歌善舞，无出其右，窦滔将她安置别所。苏蕙得知，找到赵阳台，痛加捶辱。窦滔深以为憾。赵阳台对苏蕙也不客气，专门揭苏蕙之短，谄毁交至，使得窦滔对苏蕙十分不快。窦滔镇守襄阳时，邀请苏蕙同往，苏蕙气愤地拒绝了。窦滔便带着赵阳台赴任，一去不返，音信全无。苏蕙才21岁，就独守空房，悔恨自伤，于是绞尽脑汁，织出回文诗锦图，差人送给窦滔。窦滔览阅锦诗，感其妙绝，幡然醒悟，便将赵阳台送到关中，又派车去接苏蕙，并举行隆重的礼仪，迎接妻子到襄阳，从此夫妻言归于好，更加恩爱。朱淑真考证图上有五言、四言、三言和七言回文诗，可周流而读；武则天说图内诗"纵横反复，皆成章句"，是说此图可以反读、横读、斜读、交互读、退一字读、叠一字读，皆成诗词，计841字，可得3800余首诗词，构思奇巧，旷古绝后。

民间的织锦回纹，没有这么复杂。它们往往把某一段话或文章按一定的顺序排列成与此相关的人物或动物形象。如河南木刻版公德画把《不杀牛歌》排列成耕牛的形象，把《老米难》排列成一个老者的形象，充分体现了民俗字使用的形象性。

（3）笔画图形化。笔画图形化就是把汉字的某个或多个笔画形象化。具体来说，或是把笔画变成各种图形，组合成汉字，如鸟篆的鸟形笔画、蝌蚪篆中蝌蚪形笔画等；或把形象、纹样添加或嫁接到字的某些笔画中，如明崇祯版《三十二篆金刚经》中的穗书、垂云书等；或把某个故事描绘在汉字的笔画中，如山东潍坊木版年画《〈水浒〉

画对子》：唐王维诗，把水浒的故事画在王维诗句"空山新雨后"等诗句的每一个字的笔画上。现旅游景点常见的花鸟字也是笔画图形化的例子，如"龙飞凤舞"就画成龙飞凤舞的样子，漂亮又不失汉字的形体。

花鸟字（罗伟 书）

"象形"不仅是汉字构形的基础，也是汉字走向艺术的基点。由于有象形的基础，汉字的形体具有足够的丰富性和可塑性。汉字由象形走向表意，这使得其形体的来源不全是约定的，可以有随意发挥的空间。又加上汉字在不同历史阶段有不同形体，如甲骨文呈长方形，金文基本为正方形，小篆为长方形，隶书则呈扁方形，楷书最终定型为长方形，为人们在书写时发挥创造能力提供了足够的空间，为人们展现自己的审美文化与艺术追求提供了便利。所以，汉字不光是记录的工具，还是中华艺术形式之一。

艺术的表达，赋予了汉字新的含义和内容。如"鹿—禄""蟾—钱""猴—侯""蝙蝠—福""喜鹊与梅枝—喜上眉梢"等，经过艺术加

喜上眉梢

工获得其吉祥意义。

（二）汉字的同音特点决定了声音的联想和创造

汉字的同音现象十分丰富。汉语里字形、意义不同的字可能声母、韵母和声调完全相同，如"江、浆、姜、僵、疆"等。如果声音相近，或者去掉音调，同音字就更是多得惊人。据统计，常用的汉字也就在5000—8000个左右，而汉字的读音若加上方言的因素，也就不到1000个。

大量同音字的形成，受多方面因素的影响。我国地大物博，历史悠久，民族众多，不同时代、不同地区、不同人群在原有语言基础上创造的新字，很容易在语音上出现偶合现象。有些字在古代是不同音的，由于语音演变，到现代变成了同音字，这叫"历史音变"，如"叶"古代读"谐"，如"叶韵"，而现在都读"ye"。还有的是因为一个多义的文字，随着人们需要，分化成不同的形体，而读音保留了下来，如"花"与"华"、"且"与"祖"。

同音字大大丰富了汉语的表达。人们可以运用它的谐音构成一语双关，即巧妙利用词语的同音和同义的关系，发挥其在特定语言环境中的双重意义，言彼寓此，委婉传递蕴藏在词语背后的吉祥信息，如用"鱼"来表达"有余""富裕"的吉祥含义。

据说，清乾隆年间，尚书和珅与侍郎纪晓岚素来不和。一日，二人同饮，忽然看见一条狗。和珅问纪晓岚道："是狼（侍郎）是狗？"纪晓岚答道："垂尾是狼，上竖（尚书）是狗。"和珅用侍郎的谐音骂纪晓岚是狗。纪晓岚明明知道对方是在骂自己，但又不便直接谴责对方，毕竟对方没有直接骂人。在这个民间故事中，纪晓岚表面上是回答对方的问话，实际上把对方的谩骂又回敬给了对方。

同音字还可以构成歇后语。歇后语一般由两个部分构成，前半部分是形象的比喻，像谜面；后半部分是解释、说明，像谜底。如半两棉花——免谈（免弹）、和尚打伞——无法无天（无发无天）、外甥打灯笼——照旧（照舅）、黄鼠狼钻鸡笼——投机（偷鸡）、十两纹银——

一定（一锭）、水仙不开花——装蒜、猪鼻子插大葱——装相（装象）、孔夫子搬家——尽是输（书）、小葱拌豆腐——一清（青）二白等，都是利用同音字构成的歇后语。①

百事大吉

在吉祥语里，利用同音字关系构成谐音的比例很大。过年时都将"福"字倒贴，谐音"福到了"；"福"字倒贴在门上，谐音"福到家门"；"福"字倒贴在炕头儿，谐音"福到炕头"；过年煮饺子时饺子煮开了口儿，一般都不说饺子"破了"，而叫"挣了"，谐音"增了"；过年一般都要吃鱼，谐音"年年有余"；过年一般都要吃年糕，谐音"年年高"；过年做的饭菜一般都要有剩余，谐音"富裕"，剩菜谐音"生财"。苏南习俗初一早上起床后要吃柿饼和橘子，寓意"百事大吉"。

谐音多是字音的相谐、名称的相谐、组合的相谐。例如，狗年春节期间，在一家卖各种犬型毛绒玩具的店里，老板大声吆喝着卖"旺旺"，人们不解，老板笑着解释说，狗叫"汪汪"也就是"旺旺"，用它最吉利。中国旺旺控股有限公司的主席蔡衍明在台北拜祭十八王公庙的时候，发现庙门旁边有一只狗的铜像。他的耳朵边立刻出现了狗"汪汪"的叫声。于是蔡衍明就决定将自己生产的小食品改名为"旺旺仙贝"。旺旺代表旺丁旺财的意思。后来"旺仔小馒头""旺仔儿童大礼包""旺仔牛奶"也顺势而生，成为品牌。

2008年的端午节是阳历6月8日。而6月7日是高考第一天，上海的一些家长就给考生准备了"糕点"和"粽子"作为早餐，取其

---

① 这一部分请参阅张延兴《谐音民俗》，中央民族大学出版社，2000。

与"高中"谐音而形成吉利话。精明的商家还推出了"粽状元"等产品,大受欢迎。商家用红色小包包装,每袋4只,每只100克,有咸蛋黄、香菇、肉等多种馅料,虽然价格不低,但因为谐音"中状元",所以特别好卖。其实,在古代就有利用"粽"的谐音表达吉祥寓意的做法。有的把一只粽子裹成四方形,名为"印粽",谐音"应中";将两只粽子裹成笔管形的,名为"笔粽",谐音是"必中"。

旧时吉祥图案里多用谐音组合。如花瓶中插如意寓意"平安如意",百合花和柿子或狮子、灵芝在一起叫"百事如意",万年青和灵芝在一起意为"万事如意",童子持如意骑大象叫"吉祥如意",盒子与荷花、如意或灵芝组合在一起是"和合如意",瓶中插月季花是"四季平安",鸡立石上叫"室上大吉",马上蹲坐着一只猴子叫"马上封侯",蝙蝠倒着画叫"福到了",戟磬花瓶意为"吉庆平安",莲花、三支箭意为"连中三元",花瓶中插三只戟意为"平升三级",马、蜜蜂、猴子绘在一起意为"马上封侯",龙凤绘在祥云中意为"龙凤呈祥",游鱼象征"富足有余""吉庆有余""年年有余",蜜蜂与五盏灯在一起意为"五谷丰登",大象背上放一只花瓶意为"太平有象",喜鹊落在梅枝上叫"喜上眉梢"。2008年北京奥运会吉祥物也用的是谐音组合:由五个拟人化的娃娃形象组成,统称"福娃",分别叫"贝贝""晶晶""欢欢""迎迎"和"妮妮",五个名字的读音组成谐音"北京欢迎你"。

(三)汉字的象征、隐喻特点引申创造了大量词义

1. 象征

象征指借用某种具体形象的事物暗示特定的人物或事理,以表达真挚的感情和深刻的寓意。在中华民族传统文化里,人们常用红色象征"喜庆",白色象征"哀悼";喜鹊象征"吉祥",乌鸦象征"厄运",鸽子象征和平,鸳鸯象征"爱情";将鸡、鱼组合在同一画面内象征"吉庆有余",桃子、灵芝、松鹤、万年青寓意"长寿","鹿"谐音"禄","百鹿"寓意"百禄",戴着高帽子的官人身后绘一鹿意为"高官厚禄",

用头戴绒花象征"荣华"。正月初一早上北方多数地区都吃素水饺意为一年素素净净,初一穿着新衣象征迎新。

我国各大城市均有年货大街,在过年前夕供应各种南北年货供民众采购。这些年节物品包括糕饼甜点、粿类、腌制肉品、水果、花卉等,且每一种物品都具有象征义。糕代表步步高升,发糕代表发财且象征家族来年运势,菜头象征好彩头,柑橘代表吉利,龙眼干(即桂圆干,俗称福肉)象征福气。在我国南方包括港台地区,年节花卉以橘树、金枣树、黄金树最普遍,象征吉利、美好、发财。

2. 隐喻

隐喻在词语的派生意义上来说,是指它的那个意义与所指的事物的某一方面特征有联系。由于传统文化赋予很多事物特有的文化意义,所以从词义方面来讲,这些事物就有了一定的文化引申意义。例如,梅花不畏严寒、独步早春,这种坚贞不屈的品性使梅花具有了很多隐喻与引申意义。中国传统文化赋予梅之四德,初生蕊为元,开花为亨,结子为利,成熟为贞;又因为梅花有五瓣,所以是五福的象征,这五福分别是快乐、幸运、长寿、顺利、和平。古人还以荷花喻纯洁,以水仙花喻超凡脱俗的"凌波仙子",以牡丹花表示荣华富贵,以芍药互赠来寄思传情与表达惜别之情,桂花自古则被看成是吉祥、美好、高洁的象征,石榴、枇杷、葡萄、荔枝、枣子隐喻多子多福,绶带鸟意为做官、长寿,瓜果蝴蝶意为瓜瓞绵绵。

古人还经常将富有隐喻意义的花草与鸟禽组合起来,形成更加复杂的隐喻引申意义。如松、竹、梅为"岁寒三友",象征君子节操高行,又似相约守节不易,比喻友情恒久

年年有余(张廷兴 摄)

不变；梅、兰、竹、菊被称为"四君子",隐喻高洁、清逸、气节和淡泊四种品格；"凤穿牡丹""牡丹海棠"隐喻美好幸福、玉堂富贵，"花瓶牡丹"意为平安富贵。

属相也具有一定的隐含意义：鸡年有金鸡报喜、雄鸡报晓、吉（鸡）祥如意，虎年有虎啸风声、生龙活虎、龙盘虎踞，龙年有望子成龙、龙凤呈祥，马年有马到成功、马不停蹄、一马当先、快马加鞭，猪年猪拱财门、猪拱福门、猪肥家旺、猪牵富年，狗年有狗守太平、玉犬守家等吉祥词语。

（四）汉字的会意决定了汉字造字功能的强大

会意是将两个以上的象形符号拼合在一起，用联想的方式，表达一个新的意义，属于象形字基础上发展起来的又一种构字方法。如：两"人"一先一后为"从"，三"人"重叠为"众"，"日"和"月"合在一起造成一个光明的"明"，把"鸟"和"口"合在一起就成了鸟叫的"鸣"，把"刀""牛""角"三个字合在一起就成了解剖的"解"字。

会意字有的是异体会意，即用不同的字组成。如"武"，从戈从止。止是趾本字，戈下有脚，有人据此按照会意字的解释，说成是表示人拿着武器走，有征伐或显示武力的意思；也有人说，是用武器去制止战争。有的则是同体会意，即用相同的字组成。如"从""比""羽""鑫""犇""森""晶"等。再如"習"（习），本来指的是鸟反复地飞动，"羽"表示鸟的两只翅膀。只不过经过隶变、楷化和简化后，汉字已经大大减弱了字形表意的直观程度。

会意字是由两个或两个以上的形体组合而的，组合的方式多种多样。例如"人"可以组合为"从、众、保、伐、戍、付、伍"等，"木"可以组合为"林、森、析、相、采、困"等。在东汉许慎编撰的《说文解字》中，共收录9353字（除去重复收录的），会意字有1167个，远超象形字、指事字的数量。

会意作为古人造字的一种主要方式，要数唐代的女皇武则天自己

造的字"瞾"（照）最出名，意思是以天为法，日月当空。当然，也有人解释为日月双目，说她目空一切，狂妄自大。最麻烦的要数"釁"字，即"衅"的繁体字。《说文解字》说："血祭也。象祭竈也。从爨省，从酉。酉，所以祭也。"意思是用动物的血分布在新制作的器皿上，表示祭奠。但是也有人认为此字是分家的意思。直到今天人们还用会意的方法创造简体汉字或方言字。

民间多喜欢创造叠罗汉似的会意字。如三个"人"组成"众"，三个"火"组成"炎"，三个"木"组成"森"，三个"日"组成"晶"，三个"直"组成"矗"，三个"水"组成"淼"，三个"口"组成"品"，三个牛组成"犇"，三个鱼组成"鱻"，三个羊组成"羴"等。民间用这种方式造的吉祥文字叫合体字。合体字自宋代起流行于民间，如三羊为"羴"，三鱼为"鱻"，三金为"鑫"，三牛为"犇"，三毛为"毳"。

合体字有的是同字组合，如"囍"，读音为"双喜"，它的产生传说跟宋朝宰相王安石有关：

相传，当年王安石赴京赶考，正好在元宵节路过一地，见一马姓大户人家，高挂走马灯，灯悬一联，征对招亲。上联是"走马灯，灯走马，灯熄马停步"。王安石一时想不出下联，便默记于心。到了汴京，顺利闯过诗、赋、策论三大考关，在最后一关面试时，主考官指着衙前的飞虎旗，出了一个对联的下联"飞虎旗，旗飞虎，旗卷虎藏身"，要求对上联。王安石看到这个下联的样式，就马上想到了元宵节招亲的那个上联，因而开口就把招亲的那半副联对了出来。考官一听大喜，频频领首称许。

王安石归乡路过马家时，见招亲联依旧无人对出，便以面试的下联回对，因而被招为快婿。一对新人拜天地时，又传来他进士及第的喜讯！洞房花烛夜，金榜题名时，欣喜不已的王安石，立即在红纸上挥笔写下连体的"囍"字，贴在门上。

从此人们纷纷仿效，将"囍"作为结婚喜庆的标志，至今这一风俗仍在沿用。

有的合体字是多字组合，人们利用汉字偏旁部首的特点，取多个汉字的共同部分，把某些短句或词语重新组合成新的造型，如"上大下吉"的组合文字，读为"大吉"，一般在喜庆婚嫁的场合使用。民间用得最多的是招财进宝。

招财进宝（张廷兴　摄）

有的合体字是拆解重组，就是根据需要把一组汉字的笔画、偏旁拆散，然后重新组合。最典型的例子就是"符书"，通过拆散重组制造符文的神秘性。

这种合体形式与会意字不一样，不是一个读音表示一个意义，而是多个读音表示一个意义，不符合汉字的定义，所以只不过是一个符号。

再如中国结，读音为"百吉"，它用红色的绳线编结成一百个"结"，借"百结"的语音，作为百事吉祥如意的象征。

还有一种图案，也是用一条线绳盘曲而成的，像葫芦的形状，它无头无尾、无终无止，一笔下来，故又称为"盘长""盘肠"，含有长久永恒之意。

汉字还因为其会意的特点，促

盘长图案（张廷兴　摄）

使拆字算命行为的出现。"算命先生"对汉字进行拆解,进而给出玄幻的解释。

传说清朝乾隆皇帝在苏州看见有个算命先生在给人测字,他就让跟随的老太监去试一试。老太监看了看身上的帛衣,就写了个"帛"字,测字先生说:"'帛'字,上面是'白',下面是'巾','白巾'是办丧事用的。你家里恐怕有人要出事了。"正巧这位老太监的父亲最近得了重病,老太监一听,心里不是滋味,全身直冒冷汗。乾隆心想,这个算命先生还测得挺准,让我来考他一下。乾隆故意也写了一个"帛"字,让他去测。测字先生把乾隆从头到脚打量了一番,连忙鞠躬行礼说:"先生大富大贵呀!"乾隆问他怎么知道,他指着"帛"字说,"上头是个'白'字,皇帝的'皇'字上头也是个'白'字,'帛'字下边是个'巾'字,皇帝的'帝'字下面也是'巾'字,所以'帛'字是'皇头帝脚',您有天子之命啊!"乾隆一听,哈哈大笑,心里十分开心,就命随从赏了算命先生一锭银子。算命先生拿到一锭大银,心花怒放,因为这比他平时几个月的收入还多。晚上,高兴地讲给老婆听,老婆听了疑惑地问他:"为什么同一个字,你有两种说法呢?"他告诉老婆:"第一个人年纪大,面带愁容,我估计他家里多半有了丧事;第二个人年纪轻,却气度不凡;第一个人穿得讲究,却好像他的仆人,我想这个年轻人肯定来头不小,所以就拣好听的说,让他高兴高兴,果然就赏了我一锭大银。"[①]

(五)汉字的形声造字给汉字造字以无穷的空间

形声字是用义符(形旁)和音符(声旁)组合起来的字。形声字

---

① 刘永动:《浅谈"汉字六书"与识字教学》,《课外语文》,2018(27)。

中与字义发生联系的偏旁叫形旁，与字音发生联系的偏旁叫声旁。一个形旁或声旁可以同多个汉字发生联系，充当多个汉字的偏旁，从而提高了偏旁的使用率，可以造出大量的能够令使用者迅速领会字义、掌握字音的汉字。

汉字中的形声字最多。东汉许慎编撰的《说文解字》收录汉字9353个，其中的形声字占了82%。南宋郑樵对23000多个汉字进行了统计分析，形声字占90%。现代7000个通用汉字中，形声字也占80%以上。

有些含义美好的偏旁，造出了大量带有吉祥含义的文字。如：

贝字旁，账、贮、货、赠、赡、赏、资；

草字旁，艺、艾、芄、节、苊、芋、芙、芜、芝、芬、芮、花、芳、芷、芸、芹、苊、蒂、苍、苏、苓、苗、茂、范、茏、茜、茵、茹、荣、荥、荧、莉、获、莹、莼、葆、蓁；

宝盖旁，宁、宅、宇、守、安、宋、宏、宗、官、宙、定、宛、宜、宝、实、寔、宠、客、宣、室、宪、宫、宬、宰、宴、家、宸、宽、宾、寀、寅、密、富、寘；

巾字旁，市、币、巿、布、帅、帆、师、㠲、希、忱、帏、帐、帑、俯、帔、帕、帛、帜、帝、带、帧、帨、帩、席、帮、帻、帼、帽；

玉字旁，玑、玟、玠、玡、玢、玥、玦、玩、玫、环、玱、玲、玺、珀、珂、珅、珍、珏、珑、玿、珞、珠、珥、珧、珨、珩、珪、琉、珮、珰、珲、珺、琅、理、琇、琛、琪、琳、琴、琼、瑛、瑜、瑞、瑾、璀、璋、璘；

示字旁，礼、礽、社、祀、祁、祃、祇、祈、祉、祐、祓、祖、祗、祚、祛、祜、祝、神、祟、祠、祥、祧、祯、祷、祺、禄、禅、禋、福、禛、禩、禧。

（六）汉字的字体和笔画具有很强的装饰性

汉字由于以象形做基础，并且以点、横、竖、撇、捺、挑、折、弯、勾为基本笔画，具有很强的抽象装饰功能。

第一，古体汉字本身就具有装饰性。汉字的字体，经过几千年的演变，大约经历了三个阶段：一是从商周甲骨文、金文变为小篆，由形体随意、接近图画的写实象形变为形体整齐、接近抽象符号的小篆。二是从小篆变为隶书，打破了以象形为基础的构造方式，形成现代文字笔画的基本格局，笔画性加强、定型，符号性进一步加强。三是从隶书变为楷书，更加横平竖直，完全笔画化。

所以，汉字的字体一般有六种：甲骨文、金文、秦系文字与六国文字（篆书）、隶书、草书和楷书。其实，历史上出现过的字体远远不止这些。仅仅在秦代就出现了八种字体：秦书有八体，一曰大篆，二曰小篆，三曰刻符，四曰虫书，五曰摹印，六曰署书，七曰殳书，八曰隶书。

甲骨文是殷商时期刻在龟甲和兽骨上的文字，是最富有变化的一种文字。它象形程度较高，具有明显的图画性质，字体的同一性、规范性较弱，笔画偏旁组合还很随意。所以，同字异形较多，偏旁也不稳定。

金文，指商周时代刻在铜器上的文字，与甲骨文属于同一体系。因最初发现于钟鼎等器物上，又称钟鼎文。因为这些字都是被浇筑在或者灌注在青铜器上的，所以字体肥满，叫作篆体字，其装饰性也很强。大篆是西周末年周宣王太史籀作《史籀篇》，作为教授学童之书，为周王朝规范使用的文字。而小篆则是秦始皇时代根据大篆进行简洁处理，并颁布天下统一使用的文字。小篆成为秦代的标准字体。其他刻符、虫书、摹印、署书、殳书等字体，均在篆书基础上演变而来。

以上这些古字体除了保留在大量的钟鼎器物上之外，还被后人用作吉祥字符，如旧时枕头的顶端花绣字符、衣服上的福寿图案；等等。

第二，汉字点、横、竖、撇、捺等笔画以及随意组合、变化的特点，适应装饰性的基本要求。

汉字笔画强烈的实用性和装饰性特点，朴素率真，又和百姓的吉祥心理、思想感情、生产生活相适应，体现了大众的审美取向，所以被大众喜闻乐见。

(七)汉字与图画、物件的组合性强

汉字的吉祥意义有时是与图画、物件组合起来共同表现的。

1. 汉字与图画的组合

我国传统艺术的一个特点是字画一体,字中有画,画中有字。这也是民间汉字装饰最普遍采用的方法。这一特点在我国的剪纸、年画、花鸟字、陶瓷图案等主要传统艺术形式中,均有突出的表现。

和门喜庆图

"和门喜庆图"就是使用了象征性、谐音性的图画,再配上主题鲜明的文字,构成的一幅图画。为了突出吉祥含义,又使用印章的形式,刻上"四季平安""降福消灾""生意兴隆"等主题词。明代五彩大吉葫芦瓶图除了使用各种抽象的吉祥事物表示大吉的意思外,还使用了"大吉"的文字直接点明主题。而清代彩纹扁瓶图中则运用了"寿"字笔画变形,作为中心主题字,再用各种表现富贵幸福的纹路图案进行烘托。

明代五彩大吉葫芦瓶

清代彩纹扁瓶

2. 汉字与其他物件的组合

民间图案多选择两种以上物件与汉字组合在一个画面上，以表达吉祥含义。如五只蝙蝠围绕篆书寿字或桃，表达五福捧寿的美好愿望；福字和蝙蝠组成福寿万代的图案。

（八）汉字与中国文化的关联性大

五福增寿图

中华民族历史悠久，传统文化几千年的积淀与传承，赋予了汉字浓郁的文化色彩。例如，关公因被赋予财神的含义，其名字就具有了吉祥的寓意；比干、范蠡是文财神，赵公明是武财神，刘海、金元总管、华光大帝等为司财众神，八仙及其所用器具与成仙的关系，使他们的名字也成了吉利的象征。

综上，可以看出，汉字与吉祥文化有着密切的关系。但是，吉祥用字的字形跟普通汉字不同。除了"福"字以外，它们有的为对称线状图案字，有的与其他物件图案混合使用，读音也从一字一音到一字多音都有，并且仅局限于祈求吉祥、喜庆、福寿，不能当作常用汉字来使用，所以辞书均不收录。

三、先民的意识

先民的意识与中华传统文化积淀，是吉祥文字形成的社会基础。"人之初，性本善"，先民和传统文化一直把向善和追求美好生活，当作自己的基本意识和基本思想。由此延伸出了表达福禄寿喜、祈求庇佑等思想意识的一系列吉祥文字。

（一）福寿人生是中国传统文化的人生向往

中国传统吉祥文化，奠定在祈福求寿的文化心理上，以福寿文化为核心。

吉祥文字是以"福"字为突出代表的。在"福、禄、寿、喜、财"这五个字中，以"福"为首。

1. 春节

春节旧称、俗称"年"。年是人们祈求福寿人生、表现福寿追求的最重要节令。年，《说文解字》释为"谷孰（熟）也"，古时以作物生长的一个周期为一年而举行祭祀、庆贺活动。祭祀、庆贺是人们农事习俗中的一部分，主要内容是祭祀鬼神祖先、庆贺丰收、祈求来年风调雨顺。

贴春联是人们过年祈福的具体体现之一。门框两边贴"对子"，双门上贴"方子"，单门上贴"独站儿"，或贴门神像，内容多以耕读传家、万象更新、新春欢乐、福寿康宁、春山绿水、五谷丰登、繁荣昌盛为主；对子之上贴"横批"，旧叫"门簪"，横批之上贴"福"字，且"福"字以倒贴为好，讨"福到了"的口彩；此外，床头贴"身体健康"，灯火处贴"小心火烛"，主屋正墙贴财神像，贴"招财进宝"，橱、柜上贴"黄金万两""鱼肉满橱""衣服满柜"，院墙中央贴"吉星高照"，牲畜栏门贴"六畜兴旺"，粮仓上贴"五谷丰登"，车上贴"日行千里""牛行虎步，车动雷声"，门口对面墙、树上贴"出门见喜"；其他小件家具上，一律贴"酉"贴儿，谐"有"音，寓意"富有"。山东菏泽定陶旧时喜在门楣上贴画鸡，有的地区用彩纸剪作钱的样子贴在门楣上，称"门钱""过门钱""罗门钱""萝卜钱"，渲染喜庆的气氛。现临沂一带仍流行的"挖补门笺"很有特色。它一套有五种颜色，取五福之意，上镂刻各种吉祥图案和文字，如"蝴蝶戏牡丹""双喜临门""连年有余""四季平安"等。民间还有福到了的故事。传说朱元璋当年用"福"字做暗记准备杀人。好心的马皇后为消除灾祸，令全城大小人家必须在天明之前在自家门上贴上一个"福"字。其中有户人家不识字，竟把"福"字贴倒了。朱元璋听了禀报大怒，马皇后忙对朱元璋说："那家人知道您今日来访，故意把福字贴倒了，这不是'福到'的意思吗？"朱元璋一听有道理，便下令放人。

— 31 —

大年夜还要接天神,名为接神祝福。在院子里用席或箔搭一小棚,上面除贴春联外,还用柏枝、竹叶加以装饰,里面放"天地桌子"或香台子,供奉"天地三界十方万灵真宰君之神位",有的还供玉皇大帝、地母奶奶等诸神像。供品旧时十分丰富,需要全猪全羊、五碗菜、五色点心、五碗水饺、一对枣糕、一个大馒头,称为"天地供"。但现今多不扎"天地棚",只在院中置一祭桌,农家也有的在石磨顶上供奉,祭祀也多以三碗菜(鸡、鱼、肉)和三碗水饺为主。祭祀时,焚三炷"高香",全家人轮番跪拜,祈求天地爷保佑,最后烧纸表和金银纸叠的金银元宝,叫作"送钱粮",示纳贡。鲁迅在《祝福》里曾详细描写过江南水乡祝福的隆重神圣场面。

新年的第一顿水饺,也很有讲究。鲁中一带常常包入花生、枣、栗子、钱币、糖块、麸皮,祈求早得子、多得子,人丁兴旺,生活幸福甜蜜,发大财,有福气。下水饺时,不说"碎""烂""破",而说"挣了""挣了不少",还故意弄碎几个,以讨口彩。下水饺的柴火,最好用豆秸、芝麻秸:一是易燃;二是噼啪作响,可避邪;三是意指芝麻开花节节高。水饺的第一碗要敬天地,第二碗敬灶王,女主人还要在灶王像前上香,口诵"佛儿":"清晨起来把门开,明堂蜡烛照起来,财神爷爷上面坐,金银财宝两边排。刘海就是送仙子,沥沥拉拉撒金钱,一撒金,二撒银,三撒鸡马一大群,四撒老人寿限大,五撒举起人和翰林,阿弥陀佛。"

春节拜年要说祝福语。民间拜年形式多样,一般晚辈给长辈拜年,同辈相互拜年。小字辈要给长辈或年龄大的老人下跪磕头,并说"祝您幸福长寿"之类的话。左邻右舍或相好的朋友也要拜年,甚至半路遇到人也相互拜年。即使现在手机

芝麻开花节节高(张廷兴 摄)

发短信拜年,也是"祝您快乐""恭喜发财""万事如意"等祝福语。《白雪遗音·新春元旦》生动地记叙过这种热闹喜庆的场面:

> 新春元旦,斗柄回还,太平一统过新年,门神对贴上边。富家郎,衣帽整齐,只把那袍套换;俗人们,见节提筐挎篮,他卖的是瓜子花生玉兰片;小人们,见节挣的代岁钱,挣了钱来买点耍货玩,他买的琉璃喇叭小鼓当竹马,鬼脸拈拈转。到晚来,乒乒乓乓连声响;临明时,来来往往把礼还,这个说恭喜,那个说岂敢,新春吉庆,大发其财源。

2. 寿诞

六十岁以下的人诞生之日称为"生日",六十岁及以上的方称"寿辰",一般的规矩是"做九不做十"。做寿还有"暖寿"和"正寿"之分,旧时老人到正寿之时要设置寿堂,上供王母、寿星,寿礼比较讲究,有的还请人来做道场,拜寿结束后主人请客吃面,请戏班子演出。寿诞一般都由子女操办。长辈逢七十、八十、九十、一百岁生辰,按迷信说法,子女还要集资做阴寿,就是向阎王爷买寿。旧时还有一种借寿的习俗,儿子在神台前立下字据,把自己的寿命借若干年给父亲,然后烧了字据告知阎王。

不逢十的生日称为"散生日",在散生日这天要吃面条(面条长,取长寿之意),置点酒菜自娱。逢十的生日称为"整生日",逢整生日则需穿新衣、吃寿面、办家宴,亲友前往祝贺。为长辈庆祝生日叫"过寿",祝寿的人主要是子女和晚辈至亲,近邻厚友也多前往祝贺。一般民间做寿五十到七十岁为"大寿",八十为"上寿",九十岁为"老寿",百岁为"期颐",都要进行盛大庆祝。亲朋好友送来贺礼,并请戏班演戏,人们一面喝酒一面看戏,戏的内容也以富贵长寿为主。

做寿老人(五十岁以上)诞辰逢十称"大寿"。但这种大寿并非真正逢十,而是指逢九的岁数。因为九在十个数字中数值最大,人们为讨个吉利,故形成了这种"庆九不庆十""做九(久)不做十"的习俗。做大寿前要向至亲好友发请柬,发放日期一般在做寿的前三日,否则为失礼。

老人做寿时,亲朋好友前来祝贺。做寿时亲友送贺礼,有寿幛、面条、衣料或钱财等,晚辈加送寿桃、糖碗、寿烛、带寿字的糕点等。布匹俗称"寿幛",均挂在院中天棚四周以向客人展示。寿幛上写吉祥语和被送者、送者姓名。送给男子常用"仁者有寿""贵寿无极",送女子则用"蓬岛春蔼""寿域开祥"等字样。六十岁以上高龄长者寿诞,要给贺客散寿碗。寿堂一般设在堂屋,正面挂寿帘,两旁配有对联,上书"福如东海""寿比南山"等吉祥语。

鹿鹤同春寿幛

旧时大家庭还有社会名流送的对联,叫寿联,多用祝福语,如:

益寿延年歌鹤算,高龄遐日祝松筠。

令旦长绵欣有德,延年益寿乐无疆。

东海添筹增鹤算,南山献寿享遐龄。

名高北斗,寿比南山。

德为世重,寿以人尊。

筹添沧海日,嵩祝老人星。

南极星辉牛斗渡,北堂萱映凤凰枝。

椿树千寻碧,蟠桃几度红。

子敬孙贤福如东海,身强身健寿比南山。

椿萱并茂交柯树,日月同辉瑶岛春。

祝寿的时候,晚辈、亲友、子孙要为做寿者端上一碗长寿面,祝长辈"福如东海、洪福齐天、福寿双全"。还有的大型寿诞仪式,儿孙们要轮流叩拜,并高声说:"一拜,祝老寿星福如东海、寿比南山;二拜,祝老寿星日月昌明、松鹤长春;三拜,祝老寿星笑口常开、天伦永享。"或者说:"一拜,祝老寿星身体健康、长命百岁;二拜,祝老寿星万事如意、晚年幸福；三拜，祝老寿星生日快乐、后福无疆。"

民间还专门塑造了"老寿星"这个长寿的形象。

3. 神灵

为祈福迎祥，古人还设置了众多神灵。中国民间传统的福神、禄星、寿翁合称"福禄寿三星"。据传福神原为岁星，即木星，后逐渐人格化：一说福神源于太平道所祀"三官"中的天官，后演化为天官赐福之说；一说福神为唐道州（今湖南道县）刺史阳城，因其有抵制进贡侏儒的善政，遂被尊为福神。唐时阳城为道州刺史，励精图治，关心民情，厉行节俭，赏罚分明，史载他"治民如治家，宜罚罚之，宜赏赏之"。他自己生活非常俭朴，月俸除留足吃用外，其余全归官府所有，还常常把官府规定给自己食用的鱼肉等放在道旁，与民共享。道州出侏儒，自隋至唐，每年上贡，沿成定制。阳城到任后，哀其父子离别，上奏罢除，道州从此废除了供侏儒这一弊政，州人感激不尽，遂用阳城的名字给子孙命名。

老寿星瓷像

除福、禄、寿"三星"之外，民间还向灶王爷祈求福禄，在腊月二十三祭灶。祭灶是一项在我国民间流传极广的习俗，对传统文化影响很大。过去几乎家家灶间都设有"灶王爷"神位，称"司命菩萨"或"灶君司命"。灶王爷的全名叫"九天东厨司命灶王府君"，传说是玉皇大帝封的，专门负责管理各家的灶火。在薪火相传的年代里，灶君管理的是每家每户的火种，可谓官位极重。传说灶王爷除夕降到每一个家庭中，一直停留到来年腊月二十三，负责保护和监察这家人，是每个家庭的保护神和监督者。到腊月二十三这天，灶王爷要奉命升天，去向玉皇大帝汇报这一家人的善行或恶行，以便玉皇大帝决定对这家人的处罚或者奖励。送灶神的仪式称为"送灶"或"辞灶"。玉皇大帝根据汇报,再将这一家在新的一年中应该得到的吉凶祸福的执行权交到灶王爷之手。为了叫他"上界去多言好事,下界来广降吉祥",人们便每年购置灶王图,在腊月二十三这一天打扫好厨房灶屋,贴在神龛里,傍晚时分向灶王爷敬香,并供上用饴糖和面做成的糖瓜等,以及竹篾扎成的纸马和喂牲口的草料。据说,之所以用糖果或者是甜蜜的食品供奉灶王爷,是让他老人家甜甜嘴,向玉皇大帝汇报的时候,只说好听的话,不说这一家的恶行。有的地方,还将糖涂在灶王爷嘴的四周,边涂边说"好话多说,不好的话别说",这叫"醉司命"。然后大年三十晚上即除夕夜,灶王爷再带着一家人在新一年应该得到的吉凶祸福回到人间。

4. 百福图

此外,民间还有传统的吉祥图"百福图"。"百",多也。"百福图"是由一百多种不同的福字样印制成的,是以篆体为基础的字字异形图案,也是民间流传已久的福字图案。福字图案除字体变化外,还有"老福字""福字灯"及"花鸟字体"等形式,多用于节日装饰、绣品、建筑、雕刻、书法、工艺等。

5. 福娃

中华民族的福寿审美观还渗透进现今的一些重大活动中,就连北京奥运会吉祥物都叫作"福娃"。福娃是五个可爱亲密的小伙伴形象,他们的造型分别是鱼、大熊猫、奥林匹克圣火、藏羚羊以及燕子,是中华民族传统的吉祥形象和奥林匹克精神形象。

他们的原型和头饰蕴含着海洋、森林、火、大地和天空的意象,代表着繁荣、欢乐、激情、健康与好运,展现了中国的灿烂文化,向世界各地传递友谊、和平、积极进取、和谐相处的美好愿望和生态理念。

其中贝贝的头部纹饰使用了中国新石器时代的鱼纹图案。"鱼"和"水"的图案是繁荣与收获的象征,人们用"鲤鱼跳龙门"寓意事业有成和梦想的实现;"鱼"还有吉庆有余、年年有余的意蕴。晶晶

福娃形象

是一只憨态可掬的大熊猫，象征着人与自然的和谐共存。欢欢的头部纹饰源自敦煌壁画中火焰的纹样，代表着激情，传递更快、更高、更强的奥林匹克精神。迎迎是一只机敏灵活、驰骋如飞的藏羚羊，代表了绿色奥运。妮妮是一只展翅飞翔的燕子，来自北京传统的沙燕风筝，她把春天和喜悦带给人们。

6. 文化意识

人们还用"福"来评价个体人的生命质量，大致分为有福之人和没福之人。人们都盼望福寿康宁、福寿绵绵、福慧双全、福寿年高、福寿齐天、福寿无疆、寿山福海、福如东海、百福具臻。在人们心中，长寿是福、健康是福、子孙满堂是福，甚至吃亏也是福。由于幸福来之不易，人们对于福祸关系有深刻的认识，以为祸为福先、塞翁失马焉知非福、祸福同门、福无双至祸不单行。其中对于幸福的获取，认识得尤其深刻，以为祸福由人，祸福惟人，要福慧双修、厚德载福，

鲤鱼跳龙门年画

才会福至心灵、福随心至、福星高照。由于命运的难以把握，人们感觉到人生的曲折，以为福祸有命，福祸无常，旦夕祸福，既能遇到无妄之福，也能遇到福过灾生。

（二）先民意识与神灵观念强化了吉祥文化心理

原始社会由于生产力水平落后低下，物质条件简陋和贫乏，人们的收获全靠自然的惠泽，因此，自然界在人们眼里具有无限的威力和神秘不可征服的力量，那些风雨雷电、地震洪水、疾病猛兽可以随时吞噬人们的生命。而在这些灾难面前，先民们束手无策，只能把自己的命运交给大自然这只神秘恐怖的手，由此产生了对大自然的敬畏崇拜心理。人们认为，大自然和人类一样，都有喜怒哀乐，只要恭敬地侍奉它们，便能够得到它们的庇佑，天地鬼神的神灵观念便逐渐形成。先民塑造了很多神的形象，后代们又将他们崇拜为"神"。

先民的这种天命意识和神灵崇拜，一是反映了人们对天地的敬畏、亲和的心理与改造、战胜的理想愿望，反映了人类与自然界相互依存又相互矛盾的关系，为建立我国传统哲学、文化的天地人合一思想奠定了基础；二是形成了鬼神观念和祖先崇拜信仰，并成为我国原始宗教信仰的主流；三是先民们对人类自身疾病、瘟疫和死亡充满迷惑和畏惧，需要借助神灵，帮助人类面对严酷的大自然，驱鬼逐妖，消灾灭害，保佑平安。

在现实生产生活活动中，祈福与禳灾均为吉祥文化心理的外在表现。图腾首先进入先民生活。《礼记·礼运》说："麟、凤、龟、龙，谓之四灵。"麟、凤、龟、龙，实际都曾经是中国古代的图腾，是中国先人们的崇拜之物，都已成了今天的吉祥文字。图腾之后，便是对动植物、天体的崇拜。从壁画、石刻到创造的日、月、熊、虎、鹿等动物、天体符号，这些都是这类崇拜的遗存。人们以为只要经常进行祭祀，就会带来好运。接着是在自己身体上祈福辟邪，如佩戴兽牙、羽毛，用黄、红土涂抹身体等。到了殷商，卜筮的福寿追求体现了农耕社会的群体文化意识。春秋时期已经有"万寿无疆""天子万寿""南山之寿"等吉祥语的记载,这些均表示当时已出现祝寿形式和祝寿语言文字。

直到现在,民间的许多禁忌与讲究,还都是这种意识和观念的影响和延续。例如过年期间不说生病、死亡、受伤、车祸、没钱之类的不吉话语,忌吃药、动手术、动利器、扫地、倒垃圾、吵架、打小孩、哭泣、讨债、打破器皿、吃鸡头和鸡爪等。

(三)道家字谶符箓测字文化

道教的"神授天书"确立了文字本身的神秘性和权威性,术士们从借用文字象形构造神秘图符到"测字",即由文字的形状构造来预测吉凶,形成了道教特有的符箓文化。

《神仙传》卷七曾经记载一个传说。帛和曾向王君学道,王君要他面壁,从一无所有的石壁上看出文字来,结果他"视壁三年,方见文字,乃古人之所刻《太清中经神丹方》及《三皇天文大字》《五岳真形图》"。《三皇天文大字》是古奥难识的天书,那些盘屈诡谲的文字中仿佛有来自远古的神秘力量;《五岳真形图》是半似符半似地图的神秘文本,似乎那种与神符相似又与地形相似的形状本身就蕴含了引导信仰者的神秘意味和效力。①

汉代许慎在《说文解字》中说:"谶,验也,有征验之书,河洛所出书曰谶。""谶"又称谶语、符谶、符命,是预决吉凶的宗教预言。王莽与刘秀就分别利用图谶、符命,作为"改制"与"中兴"的合法依据。东汉时,谶纬神学成为占统治地位的思想。

道教也曾大量制造和利用图谶,如太平道的"苍天当死,黄天当立,岁在甲子,天下太平",魏晋南北朝时"老君当治,李弘应出"的谶语等。三国吴主孙皓非常相信谶语的力量,两次因为出现石谶而改变国号。

---

① 葛兆光:《中国宗教与文学论集》,清华大学出版社,1998,第46页。

其实神谶大多为秦汉间巫师、方士编造的预示吉凶的隐语，而且被神化，有很强的迷信色彩。谶言强化了民众对文字语言的迷信。周公、诸葛亮、袁天罡、刘伯温与谶言有关的故事在民间广泛流传。中国古人利用汉字创造了形式多样的谶言，有谶字、谶语、童谣、诗谶、图谶、佛偈、道言、天书、托梦、占卜等。

许慎《说文解字》："符，信也。"在古人看来，汉字可以沟通鬼神，具有某种魔力，故将符文看作是一种凭信，象征帝王给予的命令，具有超自然的法力。其实，它是一种合文，把人们心中所想的一些愿望用文字表达出来，又把这些文字以一种缩写和堆积的方式构造在一起，从而形成一种神秘符号。这种神秘符号将汉字从象形重新返回到了形象。

测字，也称"相字"，是甲骨占卜的流变，通过解拆字形，以预测吉凶和决定宜忌趋避。

测字的形式有两种：第一，根据字本身形状或者拆字卜测，也有在九宫格把字拆分成各个单位的方法，附会其意以求吉凶；第二种方法便是数理法，类似于算卦排盘，利用阴阳五行八卦之数来测算吉凶。

测字充分利用了汉字的笔画、表意、文化特点，如对笔画进行拆分、拼合、横移纵移、装头接脚、增笔、减笔、以字像物、以物像字、转义、谐音、旋转等，从而将文字更加神秘化。

（四）民众审美与文字表现

《说文解字》云，"吉，善也"，"祥，福也"。《论语·八佾》："子谓《韶》'尽美矣，又尽善也'；谓《武》'尽美矣，未尽善也'。"可见，吉祥文字就是表示美好的文字。美好的文字是哪些呢？民众自有自己的定义，并按照这个定义加以规范。在使用文字的所有场合，都体现了民众的审美观念和规范意识。汉字中那些代表崇高品德的，代表蓬勃向上的，代表福寿的，代表吉利的，代表昌盛的，代表富贵的，代表智慧的，都是民众崇尚的吉祥文字。

在命名方面，清代朱彭寿曾将人们常用于店铺名称的一些字组成了一首诗:"顺裕兴隆瑞永昌,元享贞利复丰祥。泰和茂盛同乾德,谦吉公仁协鼎光。聚益中通全信义,久恒大美庆安康。新春升合生成广,润发洪源厚福长。"这些吉祥字,代表了商业者共同的愿望和追求,表现了中国商人的价值观和价值取向。而以贱字、丑字为人名,如驴、狗、狗剩、黑子、蛋子、丫蛋等,则是从反面祈求孩子健康成长。

在数字方面,吉祥数字有三、六、八、九,有一帆风顺、二龙腾飞、三阳开泰、四季平安、五福临门、六六大顺、七星高照、八方来财、九九同心、十全十美、百事亨通、千事顺遂、万事如意等说法。

在动植物方面,麟、凤、龟、龙为四灵,代表着权威和地位;仙鹤、喜鹊、鸳鸯、鸽子代表着长寿、喜庆祥和和美好;瑞鹿、雄狮、猛虎、奔马、大象代表着朝气蓬勃,福禄富贵;龟、鹤象征延寿,象征神仙一样的生活;槐象征长寿,也象征着怀孕生子。其他如红豆象征思念,栗子(板栗)象征立子,石榴象征多子多福,橘象征大吉,佛手象征幸福,芙蓉象征荣华富贵等。

第二章　神圣的文字

神圣的文字，指的是人们精神世界中，代表着世界观、认识论性质的文字，是人们对世界、对自身、对世界与自身关系的把握和认识，既体现了我国古代传统文化的天人合一、物我合一的思维特点，也体现了认知局限性的灵魂、神灵观念。

神圣的文字包括龙、凤、麒麟、花、鱼、蛙、虎、狮、鹿、猴、狗、羊、蟾蜍、鹤、喜鹊、鸳鸯、象、喜蛛、蝙蝠、鸡等图腾文字和各种姓氏图腾文字等，也包括甲骨文、篆文、鸟虫书、河洛图、陶文等古老的文字，以及祭祀、禳解、祈祷、符箓等文字和符号。

一、图腾文字

图腾（totem）一词源于北美印第安语，意为"他的亲族"。就是先民们把一些动物、植物、天象等自然界的物事，当作自己的来源或者崇拜物，成为自身的一种信仰符号。

作为一种信仰观念，图腾崇拜在世界大部分民族中都有。印第安人的"图腾"一词最早在学术界文献中出现，因此学术界把后来发现的所有这种物象统称为"图腾"。英国人郎格在他的《印第安旅行记》里最早记述印第安语"图腾"一词并介绍于学术界，然后由欧洲学术界慢慢扩大到世界范围。

图腾源于万物有灵观念。图腾的实体是某些动物、植物、无生物或自然现象。我国先民的图腾崇拜很普遍，有的把图腾认作血缘亲属，有的把图腾作为群体的祖先，有的把图腾看作保护神。

（一）龙

龙是由动物图腾演变来的吉祥文字。龙作为动物，拥有蛇身、蜥腿、鹰爪、蛇尾、鹿角、鱼鳞，其口角有须，颔下有珠，是中国神话中的一种善变化、能兴云雨、利万物的神异动物。龙是中国人的独特文化创造、观念创造与符号创造。"龙的传人"是中华民族共同的文化之根；"龙的精神"是中华民族的象征，是中国五千年伟大历史的象征，是中华民族勤劳、勇敢、不屈不挠、大胆创造、诚信和谐的象征。

龙最早的形象应该是蛇。华夏民族最早氏族部落祖先伏羲的神像就是人头蛇身。传说伏羲智勇双全、力大无比。后来，随着华夏民族的强大，周边许多小的氏族部落或是朝拜称臣，或是被吞并，故在原有蛇形图腾上不断增加这些氏族部落的元素，鹿的角、牛的头、蟒的身、鱼的鳞、鹰的爪，并加以神化，最终形成整个中华民族抽象的动物图腾——龙。它口角有须髯，颔下有珠，能巨能细，能幽能明，能兴云作雨，降伏妖魔，是英勇、权威和尊贵的象征。为此又被历代皇室所御用，成为英勇、尊贵、威武的代名词。同时，也因其代表了中华民族的形象、精神、寄托和希望，又被民众看作是神圣、吉祥、吉庆、庇佑之物，每逢节庆舞之，每逢祈雨求之，并把它的图案广泛用于服饰、器皿、建筑等，作为中华民族特有的装饰。

与此同时，"龙"这个象形文字也具有了特殊的意义。《说文》："龍（龙），鳞虫之长。能幽能明，能细能巨，能短能长。春分而登天，秋分而潜渊。"《周易·乾卦》有"飞龙在天，利见大人"的说法，孔颖达疏"谓有圣德之人得居王位"。"飞龙在天"意谓如鱼归大海，自由驰骋，表示左右逢源。"鱼跃龙门"，意考试得中，进入王侯贵族的行列。龙门，本是跨在黄河上游的山名。神话传说鱼类跳过龙门，就可以变成神龙，借指科举考场一举得中功名。

在神话世界里，中华民族还创造了龙君、龙王、龙公、龙伯、龙神、龙子、龙女、虾兵蟹将等水神形象，他们掌管着雨水、大海河流。

在现实生活中为了得到龙的照顾，取得风调雨顺的年景，古人还建设和命名了大量的龙渊、龙沼、龙池、龙宫、龙潭。为了讨好龙王，全国各地修建了众多的龙王庙，专门供奉龙王，与城隍、土地之庙宇成为三大民间庙宇。每逢风雨失调、久旱不雨或淫雨不止时，民众都要到龙王庙烧香祈愿，以求龙王治水，风调雨顺。在《西游记》中，龙王分别是东海敖广、南海敖钦、西海敖闰、北海敖顺，并称为"四海龙王"。

与帝王有关的东西或称谓，也多以龙命名，如龙章（龙形的图案）、龙文（龙状花纹）、龙旌凤翣（有龙凤图案的旌旗和长柄羽扇）、龙升（天子即位）、龙辇（天子的乘车）、龙颜（额头隆起似龙，喻皇帝的容貌，也用以指皇帝）、龙腾（帝王的兴起）、龙鳞（皇帝或皇帝的威严）、龙体（皇帝身体）、龙驭（皇帝车驾，代指皇帝）、龙兴（创立帝业）、龙袍、龙衮（帝王的礼服）、龙庭（朝廷）、龙御（皇帝的车驾）、龙凤（帝王的相貌）等。龙字也用于赞美杰出的人才，如龙虎（比喻杰出的人物）、龙逸（贤人隐居于野）、龙凤（才能优异的人）、龙驹（俊才）、龙翰凤翼（君子、贤者）。

民间用龙的形象祭祀、娱乐、敬神，也用龙来命名。如龙船，即龙舟，前面饰有龙头的细长条船，多桨，民间用于端午赛船；龙灯，民间节庆扎制的布龙，内有彩灯，由多节构成，每人持一节，与锣鼓音乐配合起舞。

由此还构成了很多关于龙的吉祥成语。一是用"龙"比喻尊贵、有威风的人。如：

龙眉凤目：形容人相貌不同寻常。

风虎云龙：虎啸生风，龙起生云，指同类事物相互感应，也比喻圣主得贤臣，贤臣遇明君，

赵孟頫书龙字（胆巴碑）

为国家祥瑞。

龟龙麟凤：神灵动物，象征高寿、尊贵、吉祥，比喻稀有珍贵的东西，也比喻品格高尚、受人敬仰的、身处高位德盖四海的人。

攀龙附凤：指巴结投靠有权势的人以获取富贵。

人中之龙：比喻人中豪杰。

虎踞龙盘：好像盘绕的龙，蹲伏的虎，特指南京，也形容地势雄伟险要或者高人荟萃之地。

二是比喻有潜质的优秀人才。如：

望子成龙：希望自己的子女能在学业和事业上有成就。

藏龙卧虎：指隐藏着未被发现的人才，也指隐藏不露的人才。

鱼跃龙门：古代传说鱼化龙。黄河鲤鱼跳过龙门，就会变化成龙。比喻中举、升官等飞黄腾达之事，也比喻逆流前进、奋发向上。

龙门点额：比喻仕途失意或科场落第。北魏郦道元《水经注·河水》："《尔雅》曰：'鳣，鲔也。'出巩穴，三月则上渡龙门，得渡为龙矣，否则点额而还。"故有龙门点额，金榜无名之说。

乘龙佳婿、乘龙快婿、得婿如龙：旧时指才貌双全的女婿，也用作誉称别人的女婿。乘龙，女子乘坐于龙上得道成仙；佳婿，称意的女婿。

蛟龙得水：传说蛟龙得水后就能兴云作雨飞腾升天，比喻有才能的人获得施展的机会，也比喻摆脱困境。

龙跃凤鸣：像龙在腾跃，凤凰在高鸣，比喻才华出众。

龙驹凤雏：比喻英俊秀颖的少年。《晋书·陆云传》："云字士龙，六岁能属文，性清正，有才理。幼时吴尚书广陵闵鸿见而奇之，曰：'此儿若非龙驹，当是凤雏。'"

马图

三是形容精神、气氛、能力。如：

龙马精神：比喻老而弥坚的精神。

第二章 神圣的文字

唐李郢《上裴晋公》诗："四朝忧国鬓如丝，龙马精神海鹤姿。"

龙飞凤舞：形容山势蜿蜒雄壮，也形容书法笔势舒展活泼。

龙凤呈祥：指吉庆之事。

生龙活虎：形容活泼矫健，富有生气。

二龙戏珠：两条龙相对，戏玩着一颗宝珠，为民间吉祥图案。

画龙点睛：原形容南朝梁画家张僧繇作画的神妙，后多比喻写文章或讲话时，在关键处用几句话点明实质，使内容生动有力。

龙潭虎穴：龙潜居的深水坑，老虎藏身的巢穴，比喻极危险的境地。

四是民间龙的信仰形成的成语。如：

神龙见首不见尾：说龙的行踪诡秘，刚一露面又不见了。

龙多主水：民间以为龙的职责是降雨，故有此说法。

（二）凤

凤，也被称为朱鸟、丹鸟、火鸟、鹖鸡等。它被先民崇拜为神鸟，是传说中的百鸟之王。民间多把凤凰说成是一只深有灵气的大鸟。其实，凤凰是雌雄为伴，凤为雄，雌为凰，雌雄成双。《拾遗记》卷一"炎帝神农篇"说，炎帝时"有丹雀衔九穗禾，其坠地者，帝乃拾之，以植于田，食者老而不死"。由此可见，凤原本是一种鸟，后来才被神化、综合成为一种民族精神的象征物。

北宋李昉等《太平御览》卷九百一十五《羽族部二》，详细辑录了我国古代文化中关于凤凰的记载。《春秋演孔图》曰："凤，火精。"《大戴礼》曰："羽虫三百六十，而凤皇为之长。"可见其在大自然中的地位和属性。其模样神异，《乐叶图》曰："五音克谐，各得其伦，则凤皇至。冠类鸡头，燕喙蛇头，龙形麟翼，鱼尾五彩，不啄生虫。"在《尔雅·释鸟》郭璞的注释中，凤凰就有神鸟的综合性特征了："鸡头、燕颔、蛇颈、龟背、鱼尾，五彩色，高六尺许。"许慎《说文解字》说凤凰"出于东方君子之国，翱翔四海之外，过昆仑，饮砥柱，濯羽弱水，莫宿风穴，见则天下大安宁。"《帝王世纪》曰：

黄帝服斋于中宫,坐于玄扈。洛上乃有大鸟,鸡头、燕喙、龟颈、龙形、麟翼、鱼尾,其状如鹤,体备五色,三文成字:首文曰顺德,背文曰信义,膺文曰仁智。不食生虫,不履生草。或止帝之东园,或巢阿阁。其饮食也,必自歌舞,音如箫笙。

由以上记载可见,它居百鸟之首,象征美好与和平,是封建王朝最高贵女性的象征,与帝王的"龙"相匹配;也表示阴阳调和、合和祥瑞,有"凤凰于飞""凤凰齐飞"之说,是吉祥和谐的象征。

凤由东方殷族的鸟图腾演化而成。原始社会彩陶上的很多鸟纹都是凤凰的雏形。距今约 6700 年的浙江余姚河姆渡文化中,象牙骨器上就有双鸟纹的雕刻形象,这双鸟纹应是古代凤凰的最早记载。

浙江余姚河姆渡文化中的双鸟拱日图

后来,凤逐渐演变为一种吉祥物,"凤"字成为吉祥文字。

作为吉祥文字,凤为形声字,从鸟,凡声,即凤凰,常用来象征祥瑞。《山海经·南山经》记载:"有鸟焉,其状如鸡……名曰凤皇……是鸟也,饮食自然,自歌自舞,见则天下安宁。"这种祥瑞,只有帝王有政德的时候,它才出现。《春秋感精符》曰:"王者,上感皇天,则鸾凤至。"《春秋繁露》曰:"恩及羽虫,则凤皇翔。"《尚书·益稷》中说大禹治水后,举行庆祝盛典,由夔龙主持音乐,群鸟群兽在仪式上载歌载舞。《书》曰:"《箫韶》九成,凤皇来仪。"《礼斗威仪》说,君乘土而王,其政太平,则凤集于林苑。历史上的圣明帝君,传说都遇见过凤凰来仪。《尚书中候》曰:"黄帝时,天气休通,五行期化。

凤皇巢阿阁,欢于树。"又曰:"尧即政七十年,凤皇止庭。"伯禹拜曰:"昔帝轩提象,凤巢阿阁。"帝舜云:"朕维不仁……,百兽凤晨①。"《尚书帝命验》曰:"舜授终,赤凤来仪。"《尚书大传》曰:"舜好生恶杀,凤皇巢其树。"《吕氏春秋》曰:"帝喾有圣德,作乐《六英》,乃令人奏之,凤皇鼓翼而舞。"

所以,后来人们用凤凰比喻有圣德的人,借喻帝王,如凤阁龙楼(帝王居住的楼阁)、凤邸(古代帝王登位前所居住的宅第)、凤诏(天子的诏书)、凤驾(帝王所乘坐的车驾)。

后人又解释说,雄为凤,雌曰凰,二者相匹配。所以,人们还把凤凰和爱情、夫妻恩爱联系在一起,成为和平、幸福、吉祥、喜庆的象征。《诗经·大雅·卷阿》:"凤皇于飞,翙翙其羽,亦傅于天。……凤皇鸣矣,于彼高岗。梧桐生矣,于彼朝阳。"又《诗疏》曰:"凤皇,一名鹭鹭,非梧桐不栖,非竹实不食。"凤和凰相偕而飞,比喻夫妻恩爱,常用以祝愿人婚姻美满。

中华民族传统文化里,有很多非常美好的凤凰传说和故事。

凤鸣岐山。《国语·周语上》有周朝兴起之时,有凤凰一类的鸟在陕西岐山上鸣叫的记载。这座山就叫凤凰山。由于凤凰曾在山上鸣叫,故所在的镇叫凤鸣镇,在现在陕西省宝鸡市岐山县。前引《诗经·大雅·卷阿》就是讲凤鸣岐山之事。西周之时将凤鸟视为神奇的吉祥生物,器物多有凤鸟纹。

有凤来仪。《汉书·王莽传上》:"甘露从天下,醴泉自地出,凤皇来仪,神爵降集。"《尚书·益稷》:"《箫韶》九成,凤皇来仪。"凤凰飞来起舞,仪态优美,古代用以比喻吉祥的征兆和祥瑞的感应。

凤凰于飞。《左传·庄公二十二年》曰:"初,懿氏(陈国大夫)卜妻敬仲。其妻占之,曰:'吉。是谓凤皇于飞,和鸣锵锵,有妫之后,

---

① 百兽凤晨:意思是百兽率舞,凤皇(凰)司晨鸣。

将育于姜。'"《左传·昭公十七年》曰："我高祖少皞挚之立也，凤鸟适至，故纪于鸟，为鸟师而鸟名。凤鸟氏，司历者也。"

梧桐栖凤。民间常说"栽下梧桐树，引得金凤凰"。梧桐为树中之王，相传是灵树，能知时知令。《闻见录》："梧桐百鸟不敢栖，止避凤皇也。"《魏书·王勰传》"凤皇非梧桐不栖"，意为凤凰择木而栖，后比喻贤才择主而事。

凤毛麟角。南朝宋人刘义庆《世说新语·容止》，东晋将军桓温以"凤毛"一语称赞丞相王导的第五子王敬伦："敬伦风姿似父。……桓公望之曰：'大奴固自有凤毛。'"此处用凤毛比喻难得的杰出人才或其他稀世珍宝。

凤鸣朝阳。南齐谢兆《永明乐十首》："彩凤鸣朝阳，玄鹤舞清商。瑞此永明曲，十载为金皇。"此处凤凰为盛世太平的象征。

百鸟朝凤。《太平御览》引《唐书》："海州言凤见于城上，群鸟数百随之，东北飞向苍梧山。"又引《韩诗外传》曰：

> 黄帝即位，施圣仁恩，承天明命，一道修德，惟仁是行，宇内和平。未见凤皇，乃召天老而问之曰："凤皇何如？"天老对曰："夫凤之像，鸿前而麟后，蛇颈而鱼尾，龙文而龟身，燕颔而鸡喙；首戴德，颈揭义，背负仁，心入信，翼挟义，足履正，尾系武；小音金，大音鼓；延颈奋翼，五光备举；食有质，饮有仪；往即文，来则喜，游必择所，饥不妄下。其鸣也，雄曰'节节'，雌曰'足足'；昏鸣曰固常，晨鸣曰发明，昼鸣曰保章，举鸣曰上翔，集鸣曰归昌。夫惟凤为能究万物，通天地，像百物，达乎道，律五音，成九德，览九州，观八极。则有福，备文武，正王国，严照四方，人圣皆服。故得凤像之一，则凤过之；得凤像之二，则凤翔之；得凤像之三，则凤集之；得凤像之四，则凤春秋下就之；得凤像之五，则凤没身居之。"黄帝曰："于戏允哉！朕何敢与焉！"于是黄帝乃服黄衣，带黄绅，戴黄冠，

齐于中宫,凤乃蔽日而至。皇帝降于东阶,西面再拜稽首:
皇天降祉,不敢不承命。凤乃止帝东园,集梧桐,食竹实,
没身不去。

后人用"百鸟朝凤"泛喻君主圣明、河清海晏、天下归附,亦用来表达人们对太平盛世的无限期盼。传统文化中,还有气氛热烈、仪态纷呈的《百鸟朝凤》图,极具吉祥之气。

百鸟朝凤挂屏

吹箫引凤。相传秦穆公之女名叫弄玉,姿容绝世,聪慧无比,善于吹笙,不用乐师,即能自成音调,其声宛如凤鸣。穆公欲为女儿求佳婿,而弄玉发誓说:"必须通晓音律,能与我和者,才配做我丈夫。"一夜弄玉在穆公为她修筑的凤楼上吹笙,忽然好似有和声从远处传来,余音美妙,犹如游丝不断。当晚弄玉就做了一梦。第二天,弄玉将所梦告诉穆公,穆公便派人去太华山找到了女儿的梦中人萧史。穆公见了萧史,即请他奏一曲。萧史取出玉箫吹奏,随之清风徐来,彩云缭绕,仙鹤翱翔,孔雀起舞,百鸟合鸣。弄玉大喜道:"此真吾夫也!"当日正是八月十五,月圆于上,人圆于下,

吹箫引凤图

凤求凰图

萧史、弄玉成亲于凤楼之中。后萧史乘赤龙，弄玉乘紫凤，双双翔云而去。

凤求凰。西汉辞赋作家司马相如所作。原文是："凤兮凤兮归故乡，遨游四海求其皇。时未遇兮无所将，何悟今兮升斯堂！有艳淑女在闺房，室迩人遐毒我肠。何缘交颈为鸳鸯，胡颉颃兮共翱翔！皇兮皇兮从我栖，得托孳尾永为妃。交情通意心和谐，中夜相从知者谁？双翼俱起翻高飞，无感我思使余悲。"据说司马相如贫困之时，到四川临邛寻访好友县令王吉，时有当地首富卓王孙之女卓文君新寡，司马相如在卓王孙宴会上为了打动文君，当场弹奏了这支曲子。卓文君窗外偷窥，见其容貌英俊，才华横溢，当夜乃与之私奔。后比喻男子追求女子，婚姻美满。

（三）麒麟

麒麟是我国古代传说中的一种神兽，是神的坐骑。它形状像鹿，麋身，牛尾，马蹄，鱼鳞皮，一角，角端有肉，黄色。东汉许慎编撰的《说文解字》说，"麒，仁兽也，麋身，牛尾，一角"；"麐（麟），牝麒也"。雄性称麒，雌性称麟。它武而不为害，不践生灵，不折生草，古人以其为仁兽、瑞兽，用以象征祥瑞。中国古代传说中将麒麟与龙、凤、龟合为"四灵"。

麒麟作为吉祥物的历史非常悠久。史载汉武帝时曾得到过白麒麟，便将原来的年号"元朔"改为"元狩",以庆吉祥,并在未央宫建麒麟阁,图绘功臣张安世、韩增、赵充国、魏相、丙吉、杜延年、刘德、梁丘贺、萧望之、苏武等11人像,以表嘉奖,并向天下昭示其爱才之心。麒麟图案在官员朝服上也多被采用。清朝时,一品官的补子图案即为麒麟,可见麒麟在百兽中地位仅次于龙。

麒麟作为吉祥物,一般将其做成石雕、木刻,放在门口两边、廊道、院墙建筑图案或大门门钉图案里,期望它带来丰年、福禄、长寿与美好。但这种吉祥物用在普通民宅中的不多,只有贵族王府中才有实体的雕刻。皇陵用此作为镇墓兽。

关于麒麟,在神话和民间传说中,出现得最多的是"麒麟送子"。人们认为,麒麟送来的儿子必然是贤良之臣,能够建功立业。传说孔子的母亲怀孕,祈祷于尼山的时候,曾经遇到过一匹麒麟。《兖州府志·圣里志》载:"周敬王三十九年春(哀公十四年),西狩于大野。叔孙氏家臣钥商获麟。折其左足,载以归。叔孙氏以为不祥,弃之郭外,使人告孔子曰:'有麇而角者何也?'孔子往观之曰:'麟也,胡为乎来哉!'反袂拭面,涕泣沾衿。叔孙氏闻之,然后取之。子贡问曰:'夫子何泣也!'孔子曰:'麟之至为明王也,出非其时而见害,吾是以伤之。'"孔子遇麟而生,又见麟死,他认为是个不祥之兆,立即挥笔为麒麟写下了挽歌:"唐虞世兮麟凤游,今非其时来何求?麟兮麟兮我心忧。"孔子感麟而忧,不久便与世长辞了。

民间还有"麒麟儿""麟儿"之美称。南北朝时,对聪颖可爱的男孩,人们常呼为"吾家麒麟"。木版画上常刻对联"天上麒麟儿,地上状元郎",以此为佳兆。胡朴安《中华全国风俗志·湖南》引《长沙新年纪俗诗》:"妇女围龙可受胎,痴心求子亦奇哉。真龙不及纸龙好,能作麒麟送子来。"原注:"妇人多年不生育者,每于龙灯到家时,加送封仪,以龙身围绕妇人一次,又将龙身缩短,上骑一小孩,在堂前绕行一周,谓之麒麟送子。"由此可见其祈子的吉祥含义十分明确。

（四）花

中华民族对花的崇拜历史悠久绵长，"华夏""中华"之称谓的产生就与之有着密切的关系。甲骨文中有"华"没"花"，关于"华"字画的是一棵开满繁花的植物，属于象形字。可见汉字在造字之初，"华"是"花"的本字，后来做了族姓，又采用形声造字法，造了"花"字。进入农耕文明以后，人以植物的果实为食物的主要来源，开花才能结蒂，蒂熟才能结果，而且果又含子，子又可播种。所以，花代表着繁育、种植、果实与丰收。

花又指人怀孕生子，故男孩子叫男花，女孩子叫女花。旧时人们认为花就是人的灵魂，而花魂是由花林女神掌管着的。妇女怀孕后，要去祈求"花林女神"赐予花魂，只有花魂进入了胎体之后，婴儿才会获得生命。夫妻无子，要双双去花树下求子。婴儿出生，要栽一棵花树，作为生命树陪伴小儿一生。小儿病了，便认为是花树生病了，要请巫师来为花树浇水除虫。老人死了，便认为是花魂已被花林女神召回，要请巫师来唱《散花歌》，送花魂返回花林。

在广西，旧时人们还普遍信仰花婆神。花婆神是壮族神话传说中的始祖神，是壮族地区普遍信奉的主生育的大神，许多壮族农村家庭都有她的神位。过去在乡间，凡初生子女，三朝、十二朝、满月，外家照例要馈赠鸡、米之类礼品以示祝贺，当中尤以满月最为隆重。主人家必须备好筵席，酬谢"花婆"送子，款待亲朋，以答盛情，名曰"鸡酒"，又称"花婆酒"。

有"花"字的吉祥成语也特别美好、特别多，如花红柳绿、百花齐放、花前月下、傍花随柳、花容月貌、粲花之论、花团锦簇、春花秋月、花香鸟语、繁花似锦、花容月貌、风花雪月、花朝月夕、开花结果、如花似锦、生花妙笔、春暖花开、洞房花烛、柳暗花明、柳绿花红、鸟语花香、月下花前、笔下生花、闭月羞花、遍地开花、步步莲花、火树银花、锦上添花、枯树生花、美女簪花、梦笔生花、披红戴花、天女散花、铁树开花等。

在民间，人们用"花"表达美好的愿望，各种花的图案、花边、纹饰比比皆是，大量使用在服饰、建筑、宗教、器物、婚丧、礼仪等各种东西或场合中。如，牡丹比喻"国色天香""荣华富贵"；牵牛花象征"绵绵不断"；梅花象征着"坚强乐观""吉祥如意"；百合象征"百年好合""纯洁""庄严""心心相印"；桂花

花朝月夕图

象征"荣耀"，过去称应试及第为"蟾宫折桂"，人们还用"桂冠"奉献给荣誉最高的人；莲花比喻"清正廉洁"等。

（五）鱼

远古大地江河湖泊众多，先民居住在海湖江河之畔，多以渔猎为生。鱼是先民的食物保障，对鱼崇拜自然应运而生。故在母系氏族社会遗址出土的陶器、石器上，经常发现鱼纹图案。如北京周口店山顶洞人遗址有涂红、穿孔的草鱼眶骨，仰韶文化遗址有彩陶鱼图，河姆渡文化遗址有玉璜鱼图，西安半坡遗址有鱼纹盆以及人面鱼盆。

鱼被视为美好吉祥的象征，至今在南方沿海地区对鱼的崇拜仍广泛存在，北方民族的剪纸、年画中也多有鱼、莲图案。

广西壮族自治区那坡县黑衣壮妇女佩戴的银项圈，两端都制成鱼形，犹如双鱼对吻。双鱼对吻银项圈是黑衣壮妇女婚嫁时必备之物，说明黑衣壮有鱼图腾崇拜的信仰。历史上，在壮族传统的稻作区，人们相信人死以后变成鱼，然后再投胎变成人。随着时间的推移，黑衣壮鱼崇拜文化已逐渐演变为他们族群自身的传统。

有学者以为，龙图腾是鱼崇拜的变异与延续，龙全身布满了鳞片，很可能是先民理想中一种"会飞的鱼"。在中国的古诗文中，鱼龙往往并称，《周书》载"鱼龙成则薮泽竭，薮泽竭则莲藕掘"，唐张若虚

《春江花月夜》写"鱼龙潜跃水成文",宋辛弃疾《青玉案》有"凤箫声动,玉壶光转,一夜鱼龙舞"的句子。

所以,不难解释民间"鲤鱼跳龙门"的神话。"鲤鱼跳龙门"源自《三秦记》:"龙门山,在河东界。禹凿山断门,阔一里余,黄河自中流下,两岸不通车马。……每岁季春有黄鲤鱼,自海及诸川争来赴之。一岁中,登龙门者,不过七十二。初登龙门,即有云雨随之,天火自后烧其尾,乃化为龙矣。"龙门山,在今山西河津市西北。《后汉书·党锢列传》注引《三秦记》:"河津一名龙门,水险不通,鱼鳖之属莫能上,江海大鱼薄集龙门下数千,不得上,上则为龙也。"黄河鲤鱼是鲤鱼中的著名品种,金鳞赤尾,体色艳美,光彩熠目,闪闪发光。因其体色红,具有喜庆、吉祥、胜利、成功等含意,所以鲤鱼,习惯称呼又叫"红鱼"或"喜鱼"。

因此,鱼类中又以鲤鱼最受崇拜。传说春秋时期,孔子的妻子生了一个儿子,国君鲁昭公就拿了一条鲤鱼去贺喜。孔子便把儿子取名为"鲤",以"伯鱼"为字,以示纪念。

鱼的崇拜还有生殖方面的意义。据闻一多、赵国华、傅道彬等人研究,鱼是女性生殖器的象征。首先鱼的轮廓与女性生殖器的轮廓相似;其次鱼多子,繁殖力强。中国许多从母系氏族社会遗址出土的陶器上、石器上,都绘有或刻有鱼纹图案,以鱼为图腾的生殖崇拜在中国文化史上产生了深远的影响。《周易》中有"贯鱼"一词,即一男子统御众多女性,后来此词成为皇帝和后妃们性爱的专用术语。"鱼水相合""鱼水之欢",是我们表现恋人或夫妻之间如胶似漆、难舍难分的传统语汇。古诗《江南》"江南可采莲,莲叶何田田,鱼戏莲叶间。鱼戏莲叶东,鱼戏莲叶西,鱼戏莲叶南,鱼戏莲叶北",就是一首表现男女相悦嬉戏的情诗。①

---

① 参见张廷兴:《中国古代艳歌论稿》,海天出版社,1999。

对于居住在舟山的人来说，在生育方面对动物的崇拜莫过于鱼了。直到现在，舟山人还把鱼作为多子的象征，甚至作为生育神来崇拜，就是因为鱼能大量产子的缘故。在沈家门，现今还流传着这样一种习俗：男女青年订婚，男方要先送两条即将产子的大黄鱼到女方，女方回礼时再把这两条鱼送回来，而且鱼头要朝着男方家，示意女方嫁到男方后"百年到老，多子多福，不再回头"。送鱼要成双成对。吃鱼不可随意把鱼翻转，这是因为"鱼翻"意为"船翻"，还要从鱼头吃到鱼尾，示意捕鱼有头有尾，头尾顺利。鱼还是渔民的保护神。渔民们会在船头画上各种鱼旗，画中多为海鳌和海泥鳅旗。鳌足能立四极，被誉为辟邪的神鱼。而海泥鳅在传说中是东海龙王的外甥，为统管鱼类的鱼皇帝，因此这两种鱼类受到渔民的普遍尊崇。旧时，每年夏汛前后，都会有大批鲸驱赶海豚，横渡舟山海峡，致使鱼群涌至。于是渔民们敲锣打鼓，燃放鞭炮，焚香叩拜，并举行盛大的"鱼祭"活动，场面十分火爆壮观。在舟山的渔民中还有一个鱼俗，就是船出外洋，如果遇到大鱼，便要向它抛撒米粒，赠给船旗，意为恳求鱼神庇护。

在烟台、青岛一带，女婿正月初二、初三到岳父家拜年，必须带着一条鲅鱼或者黄花鱼。除了吉庆有余的含义之外，也有赞扬老婆、表彰岳父岳母教育、期盼多生贵子的吉祥含义。

水族自称"水家"，人和鱼的关系极为密切。水族有个神话：在洪水滔天的远古，有兄妹两人躲藏在葫芦中，得到鱼的帮助，才幸免灭顶之灾，后来成为再造水族的始祖。水族祖先原先居住在南方海滨的西江下游一带，后迁到龙江、柳江上游今贵州与广西交界处，靠猎渔为生。水族的鱼崇拜体现在许多方面，如祭鬼神、敬祖宗、过节日、请客人，都离不开鱼。尤其是祭品中，更是以鱼为贵。水族葬礼要吃素，但不忌鱼虾，反以鱼为主祭品，出席丧仪也以送鱼为贵。全年各时节祭祖，也都享之以鱼。

其他大部分地区，也把鱼当作主要祭品祭鬼神、敬祖宗，并以鱼为贵。家庭、家族的祭祀，一般使用鸡、鱼、猪，代替了古代牛、羊、

一组具有吉祥含义的鱼拓图（张廷兴 摄）

猪的三牲祭品。所以，民间又有"大三牲"和"小三牲"之称。大三牲指猪、牛、羊，小三牲指鸡、鸭（猪）、鱼，皆含有吉祥、富裕、敬献的意义。

在年画、家具、陶瓷等所绘图案中，则因为"鱼"与"余"谐音，故多有年年有余、双鱼吉庆、小鲤鱼跳龙门等吉祥图案，来寓意生活富裕美好，官位升迁，祝颂幸运。过年的时候，家家挂一张儿童抱鲤鱼的年画，既表达欢庆之情，又图来年吉利。"年年有余"画为一个穿红肚兜的男孩，身骑一个活蹦乱跳的大鲤鱼，反映祈望子孙绵延和丰收的主题；"金玉满堂"画，绘数尾金鱼嬉戏的纹图，象征财富。

至今，鱼也是中国人餐桌上的主要饮食之一。在宴席中，吃鱼的讲究也最多：鱼眼要给贵宾，叫高看一眼；鱼头要对着主宾，并且要喝"头三尾四"酒；背部要靠着武将，鱼腹要对着文官，叫"背五腹六"，要喝五杯、六杯。

（六）蛙

蛙崇拜主要发生在我国南方地区。从考古发掘、历史文献、人类学田野调查等资料看来，壮族、黎族、土族、纳西族等少数民族都普遍存在蛙崇拜现象。人们发现蛙的鸣叫和活动与天气的晴雨变化有着密切的关系，正所谓"农家无五行，水旱卜蛙声""稻花香里说丰年，听取蛙声一片"。

先民们相信蛙具有某种神秘属性，相信它能主宰雨水。所以，通过对蛙的崇拜，希望获得它的帮助和保佑，以确保风调雨顺，不旱不涝。

有些地区把青蛙当作保护之神、丰收之神，每年定期为其举行出游仪式，祈求风调雨顺，五谷丰登，国泰民安。

另一方面，蛙具有旺盛的生殖能力，通过排卵大批量地孵化蝌蚪，符合民众多子多福的心理愿望，所以崇拜它，并幻想通过图腾崇拜，将这种旺盛的繁衍能力转移到人类身上。

在闽北的南平市溪口村有这样的传说：

> 几百年前溪口村闹虫灾，虫子多得把稻子都吃光了，颗粒无收。张公当时是一名地主家的长工，平日里就乐于助人，看到农民们没有收成很着急。后来他想了个主意，抓了几只青蛙，在它们的背上用香烫上7个点做了记号放入田里，并交代农民如果抓到这些被香点过的青蛙不要杀，要及时放生。农民们记住他的话，认真地将这些青蛙保护起来，第二年稻田里的虫子很快被青蛙都消灭了，农民们迎来了好收成。于是从此以后每逢农历七月初一到七月廿一日，都有一种背绿腹白，脑后有七个绿豆般黑圆疤点的青蛙聚集到张公寺附近，数量三到二十几只不等。溪口村从此以后以青蛙为神灵信仰的崇拜物，以张公为蛙神。每年七月廿一张公生日这天，当地都要举行盛大游蛙神活动，游蛙神队伍周游全村，各家各户大开门户迎接蛙神。从2002年起，溪口村农民开始每年举办一届"青蛙文化节"。

在黎族女性的文身图案中，出现最多的一种仿生形象就是蛙纹。在各支系的黎族筒裙、铜鼓、皮鼓及各种日常用具上，都绘有各种青蛙图案，蛙形象几乎遍布所有领域，如织锦、文身、刺绣，甚至水缸、米缸等陶器上。

壮族生活在南方多山多林地带，交通不便，生存环境差异很大，因此壮族是一个有许多图腾崇拜的民族，如铜鼓图腾、蛙图腾、鳄图腾、竹图腾、蛇图腾、牛图腾等。壮族蛙崇拜文化是其独具特色的民族文化的重要组成部分，具有悠久的发展历史，且内容丰富。

一是蚂拐节。壮族土语称青蛙为蚂拐，蚂拐节就是围绕着崇蛙敬蛙所展开的一系列活动。据说蚂拐是雷王的儿子，雷王为了惩罚人类，停止了降雨，蚂拐同情人类，偷偷带着雨水下凡人间。它在带来雨水的同时也带来了蛙鸣的烦躁，所以一位壮族妇女就将滚烫的热水倒入池塘，浇死了青蛙。为了怕青蛙的魂魄怨愤，不再下雨，带来大旱，妇女接受了村里长者的建议，给蚂拐披麻戴孝，举行了隆重的葬礼，并且每年这一天都要举行祭祀仪式。

东兰蚂拐节（凌燕、刘廷智　摄）

二是蛙纹、蛙形铜鼓。唐刘恂《岭表录异》中记载："有乡野小儿牧牛，闻田中有蛤鸣，牧童逐捕之。蛤跃入一穴，遂掘之，深丈，即蛮酋冢也……得一铜鼓，其色翠绿，土蚀数处损缺；其上隐起，多铸蛙黾之状，疑鸣蛤即铜鼓精也。遂状其缘由，纳于广帅，悬于武库，今尚存。"原注云："蛤，即大虾蟆。"目前已出土的汉代以来的这类铜鼓有上千个。

三是花山崖画上的蛙神崇拜。分布于左江及其支流明江流域的宁明、凭祥、龙州、大新、崇左等七县，长200多公里的崖画，其中的人物形象无论正面还是侧面多呈蛙形，一律双脚半蹲呈弓形，双手弯肘上举，画面热烈奔放。崖画无疑展现了盛大的祭祀青蛙的场景。在土耳其召开的第40届世界遗产大会上，广西左江花山崖画文化景观成功被列入《世界遗产名录》。

花山崖画的蛙形舞蹈动作

有学者认为，女娲名称之缘起应该与蛙崇拜有密切的关系，"娲"不仅与"蛙""娃"等在语音上相谐，而且与作为重要礼器的"圭"有深厚的文化渊源——圭文化本原就是象征繁衍生育的蛙崇拜。①

有的学者还认为，甘肃临洮的马家窑彩陶画向我们清晰地展示了龙起源于蛙的过程。它证明从蛙纹到原始龙的"三部曲"在史前已经完成：第一部曲从蛙到蛙图腾，第二部曲从蛙图腾到"蛙神"诞生，第三部曲从"蛙神"到飞天龙出现。龙在史前已经完成了从水中到天空的自然过渡。②

（七）虎与狮

1. 虎

虎勇猛威武，素称"兽中之王"。民间认为它能镇祟驱邪、神佑

---

① 段一凡、王贤荣：《从"圭"到"桂"：月中"桂"新考——"桂"文化的起源与演化》，《南京林业大学学报》（人文社会科学版），2011（2）。
② 钱汉东：《马家窑蛙纹：中华龙的起源》，《文汇报》，2006年7月9日。

安宁，故常以虎的兽面形装饰在青铜器、铺首、瓦当等器物上。民间尤爱把虎看作儿童的保护神，让孩子穿虎头鞋、戴虎头帽、睡虎头枕，希望孩子们能长得虎头虎脑，健壮活泼。陕西韩城等地，小儿满周岁时，外婆要赠送"岁鞋"，有虎头鞋、猫头鞋、猪头鞋等式样。而舅舅必须送给外甥一只或一对老虎枕头，表示祝福。老虎枕头既可以当枕头，也可以当玩具。

虎字和老虎图画还是我国年画主要的类型，官宦之家一般中堂中都挂有虎神画，上题"怒吼千山动，三掀百兽惊"。画还分上山虎、下山虎、卧虎等多种，其中"虎"字多一笔而成，遒劲有力。

2．狮

据说，狮子是从西域传来的。相传东汉章帝时，西域大月氏国把一头金毛狮子作为礼物进贡给中国的皇帝。后来随着佛教的传入，狮子成了一种具有神力的灵兽。狮有威严的外貌，在我国古代被视为法的拥护者。在佛教中它又是寺院建筑的守护者，是释迦左胁侍文殊菩萨乘坐的神兽。

狮子的主要功能是看守门户，其实现方式主要有以下几种。一是石雕形式。就是把用石头雕刻出来的狮子，放在宫殿、寺庙、佛塔、府邸、园林、陵墓的门口，或桥梁的桥墩、两端，以起到保护的作用。摆放时左雄右雌，姿势有蹲狮或卧狮两种，雌者脚下踏一幼狮，雄者脚下踏一绣球。著名的石雕狮子有卢沟桥望柱上的四百多只狮子、沧州铁狮子等。

二是舞蹈扮演形式——舞狮子。舞狮子为民俗喜庆活动，寓意祛灾祈福。据《汉书·礼乐志》

置于门口的大石狮子（张廷兴 摄）

载，汉代民间流行狮舞，两人合扮一狮，一人持彩球逗之，上下翻腾跳跃，活泼有趣。狮子滚绣球图案就来源于此。

三是年画形式。有大小两头狮子的图案，称之为"太狮少狮图"，寓意子嗣昌盛，加官晋爵；双狮戏绣球的图，为喜庆图，寓意风调雨顺，喜事连连。

（八）鹿与猴

1. 鹿

鹿与猴都是关于官爵期盼的吉祥字。鹿全身都是宝，鹿茸、鹿胎、鹿鞭、鹿尾、鹿筋、鹿肉、鹿脯等，无一不是药材或补品，另外有几种鹿的毛皮，可制为高级衣物或皮革，所以鹿成为先民的崇拜物。

其吉祥意义有二：一是比喻政权、爵位，也是帝王的象征，成语有"逐鹿中原""鹿死谁手"等；二是因其谐音为"禄"，故为民间五福"福、禄、寿、喜、财"中"禄"的象征物。鹿与蝙蝠在一起称为"福禄"，鹿与福寿在一起称为"福禄寿"，鹿与仙鹤在一起称为"鹤禄同春"。

2. 猴

在我国古籍中，猴子的别称有禺、果然、独、狖等。据《白虎通》记述："猴，侯（候）也，见人设食伏机，则凭高四望，善于侯者也。"侯（候），具有等待、观望之意。

猴子本来不是吉祥语言，甚至是骂人话，如猴狲（猴儿、猴子），猴儿崽子（骂儿童）。民间还忌猴年，认为猴年收成不好，是灾年。俗语说："饥猴年，饿狗年，要吃饱饭是猪年。"但是，由于"猴"与"侯"谐音，封侯又是加官晋爵的意思，因此在许多图画中，用猴的形象表示封侯的意思。如一只猴子爬在枫树上挂印，取"封

马上封侯图

侯挂印"之意；一只猴子骑在马背上，取"马上封侯"之意；两只猴子坐在一棵松树上，或一只猴子骑在另一只猴的背上，取"辈辈封侯"之意。

所以，猴子也变成了崇拜物，曾被刻成雕塑放在庭院门首，或者作为年画，寄托加官封侯的期望。

（九）羊、象、鸡

1. 羊

因为谐音关系，羊、象、鸡都是直接表达吉祥意义的文字。

作为汉字的"羊"，属于象形文字，甲骨文字形像羊头。东汉许慎编撰的《说文解字》说："美，甘也。从羊从大。羊在六畜主给膳也。"由此看来，羊很早以前就被当作肉食饲养，是较早的家畜。据考证，在母系氏族社会时期，生活在我国北方草原地区的原始居民，就已开始选择水草丰茂的沿河沿湖地带牧羊狩猎。

清代屈大均《广东新语》卷二十一说："东南少羊而多鱼，边海之民有不知羊味者；西北多羊而少鱼，其民亦然。二者少而得兼，故字以'鱼''羊'为'鲜'。"

羊多用作古代祭祀时的牺牲，为三牲之一，具有神圣的含义。《大戴礼记·曾子天圆》记载："诸侯之祭，牲牛，曰太牢；大夫之祭，牲羊，曰少牢；士之祭，牲特豕，曰馈食；无禄者稷馈，稷馈者无尸，无尸者厌也。宗庙曰刍豢，山川曰牺牷，割列禳瘗，是有五牲。"旧时祭礼的牺牲，牛、羊、豕俱用叫太牢，只用羊、豕二牲叫少牢。《左传·襄公二十二年》："祭以特羊，殷以少牢。"杜预注："四时祀以一羊，三年盛祭以羊、豕。殷，盛也。"《礼记·王制》："天子社稷皆太牢，诸侯社稷皆少牢。"

羊肉为温性，《礼记·月令》记载，孟春之月，食麦与羊。《淮南子·时则训》亦载："天子衣青衣，乘苍龙，服苍玉，建青旗，食麦与羊，服八风水，爨萁燧火。"《吕氏春秋·孟春纪》也载："天子居青阳左个，乘鸾辂，驾苍龙，载青旗，衣青衣，服青玉，食麦与羊，其器疏以达。"隋朝萧吉《五行大义卷第三·论配气味》更是明确地指出："春食麦与羊,夏食菽与鸡,秋食麻与犬,冬食黍与彘者,以四时这食各有所宜也。"至今,多地仍然有秋季、冬季吃大锅羊的习俗。尽管民间有"六腊月不吃牛羊肉"的说法,但也有不少人以为六腊月吃羊可以大补或者养胃。羊在最早时的烹法,除了炮、炙就是为羹。唐以后,羊肉的吃法越来越多。至明末清初,发展有"全羊席"、喝羊汤、烤羊肉等。

羊字成为吉祥字,还由于"羊""祥"通假、谐音。西汉董仲舒有云:"羊,祥也,故吉礼用之。"《南越志》记:"任器尉佗之时,有五仙骑五色羊,执六德柜以为,瑞因图像于府厅。"广州号称"羊城",源于美好的传说:周夷王时,五个仙人骑着口衔六串谷穗的五只羊降临楚庭(广州古名),将谷穗赠给人们,祝这里永无饥荒。仙人言毕隐去,羊化为石。《广州记》记载:"裴渊于广州斥公事梁上画五羊像,又作五谷囊,随羊悬之。昔高固为楚相,五羊御花于楚庭,于是图其像。"如今,广州市越秀山公园有五羊石雕,成为闻名海内外的城标雕塑。黔西北乌蒙山区饮酒多用羊角杯,彝族村民甚至将羊肚加工制成酒壶,叫"羊肚酒葫芦",以为能给饮者带来福禄。

此外,就是民间传说附加上的一些吉祥要素。如旧时河北南部民间有"送羊"的岁时风俗,每年农历六月或七月间,外祖父、舅舅给小外甥送羊,原先是送活羊,后来改送面羊。传说此俗与沉香劈山救母有关。沉香劈开华山救出生母后,要杀死虐待其母的舅舅杨二郎,杨二郎为重修兄妹之好,每年给沉香送一对活羊("羊"与"杨"谐音),从而留下了送羊的风俗。

羊在民间构成的吉祥语主要有"三阳开泰",呈现为三只姿态各异的羊仰望太阳的图案,用在年画、雕刻上。古时羊亦通"阳"。"三阳开泰""三阳启泰"的"泰",为《易经》中的阳卦之一。依《易经》的说法,旧历十月为坤卦,乃纯阴之象;十一月为复卦,一阳生于下;十二月为临卦,二阳生于下;正月为泰卦,三阳生于下。这时天地交

三阳开泰图（杨柳青年画）

而万物通，天地气相和，主顺道。所谓"三阳开泰"，是说冬去春来，阴消阳长，大地回春，吉运当头。所以，三阳开泰也是一年开始的吉祥语。历代以羊为题材的诗画作品不时见诸古器物上，现北京故宫博物院藏画中，就有清代著名传教士、画家郎世宁奉康熙、乾隆二帝钦旨所作的两幅画，一为"三阳开泰图"，一为"三阳启泰图"。

"羊"字又是许多汉字主要构字部件偏旁，所构成的文字多为吉祥文字。羊最初生活在大草原，牧羊人的民族称为"羌"；供给食物，哺育称为"养"；羊之大为"美"，为"善"；羊与女合为"姜"；羊的儿、女称为"羔"；羊谦逊、和善、亲密友爱，远离攻击、陷害为"羞"。

2. 象

从大象化石的发现来看，在历史上，我国大部分地区都因为气候温润而有大象生活过。在今天的傣族地区，依然有浓厚的象崇拜传统：丛林中有象群，村寨的寺庙、水井旁有象塑，壁画和布画中有象的图案，家里摆设中有各种象的工艺品，贝叶经中有象的传说故事。

大象寿命极长，故被人看作瑞兽。象也喻好景象。民间现存的吉祥图案主要是象驮宝瓶，叫作"太平有象""太平景象""喜象升平"，以祈求时世安宁和平。宝瓶传说为观世音的净水瓶，亦叫观音瓶，内盛圣水，滴洒能得祥瑞。

3. 鸡

中国古代特别重视鸡。鸡是被先民最先驯养成家禽的动物之一，被称为五德之禽。《韩诗外传》说，它头上有冠，是文德；足后有距能斗，是武德；敌在前敢拼，是勇德；有食物招呼同类，是仁德；守夜不失时，天明报晓,是信德。晋《玄中记》说度朔山上有只天鸡,当太阳刚刚升起,第一道阳光照到这株大树上时,天鸡就啼鸣了。它一啼,天下的鸡就跟着叫起来了。所以人们春节期间所剪的鸡,其实就象征着天鸡。人们不但在过年时剪鸡,而且也把新年首日定为鸡日。西汉东方朔《占书》说:"岁正月一日占鸡,二日占狗,三日占猪,四日占羊,五日占牛,六日占马,七日占人。"

鸡在民间曾经被当作辟邪神灵,刻在桃符上,或画成画,剪成剪纸贴在门窗上。东晋王嘉《拾遗记》卷一有详细记载:

> 尧在位七十年,有鸾雏岁岁来集,麒麟于薮泽,枭鸱逃于绝漠。有只支之国,献重明之鸟,一名双睛,言双睛在目。状如鸡,鸣似凤。时解落毛羽,肉翮而飞。能搏逐猛兽虎狼,使妖灾群恶不能为害。饴以琼膏,或一岁数来,或数岁不至。国人莫不扫洒门户,以望重明之集。其未至之时,国人或刻木,或铸金,为此鸟之状。置于门户之间,则魑魅丑类,自然退伏。今人每岁元日,或刻木铸金,或图画为鸡于牖上,此之遗像也。

可见,鸡也是神鸟,是鸟文化崇拜的一种表现。鸡能避邪的遗风,在民俗中可以找到踪迹。农历十月一日,传说是阎王爷放鬼的日子。河南民间以为鬼怕鸡血,鸡血避邪,故于这天要杀鸡吓鬼,以使小鬼不敢出来。俗语称:"十月一日,杀小鸡儿。"

现代文化中,鸡主要因为其与"吉"谐音,而被民众重视。在婚俗中,鸡是必不可缺少的一个物事。古时有一种留"长命鸡"的习俗。临近娶新时,男方要准备大红公鸡一只,女方准备一只肥母鸡,表示新娘为"吉人"。出嫁时,女方所备的鸡一定要由自己未成年的弟弟或其他男孩抱着,随花轿出发,并要在公鸡未鸣之前赶到男家。男方将公鸡交给抱鸡人,将公鸡、母鸡一同拴在桌腿上。婚礼结束后,这两只鸡不得杀掉,任其老死,故称"长命鸡"。

在节日中,立春时候山东有缝制"春公鸡""春咕咕""春娃娃"

等玩具的风俗，送给孩子做节日饰物，祈求孩子健康平安。春公鸡钉在孩子的右衣袖上，以鸡谐"吉"，象征孩子吉祥如意。山东惠民、滕州等地，凡是未种牛痘的儿童，所戴的春公鸡的嘴上，还要叼一串黄豆粒，几岁叼几粒；沂水一带则用辣椒种子代替黄豆，但仍叫"鸡餐豆"，以豆喻"痘"，祈求孩子将来不生天花、麻疹等病。

鸡属于十二地支中的酉，故山东贴春联时，在小件家具上，一律贴"'酉'贴儿"，即写有"酉"字草体的小方红纸片，谐"有"音，寓意"富有"。

民间还流行饮鸡血酒的交际风俗。在结拜兄弟时，为了表示亲如手足，有福同享，有难同当，人们宰一只雄鸡，在每碗酒里滴几滴鸡血，对天发誓，然后将血酒一饮而尽，也是取谐音求吉利的意思。

民间图案中，"室上大吉"用得较多，即一只公鸡昂首挺胸站在石头上，寓意"合府安康""生活富裕""大吉大利"。①

（十）狗

狗与其他动物相比，特别受人们的青睐，被人类当作卫士兼密友。舍命救主、忠诚主人是狗的特有品格。常有"马有垂缰之意，狗有湿草之恩"的说法，意思是指马和狗都有感情，都知道报恩。晋干宝《搜神记》卷二十的《义犬墓》篇记载了一则感人故事：

> 孙权时，李信纯，襄阳纪南人也。家养一狗，字曰"黑龙"，爱之尤甚，行坐相随，饮馔之间，皆分与食。忽一日，于城外饮酒大醉，归家不及，卧于草中。遇太守郑瑕出猎，见田草深，遣人纵火爇之。信纯卧处，恰当顺风。犬见火来，乃以口拽纯衣，纯亦不动。卧处比有一溪，相去三五十步，犬即奔往，入水湿身，走来卧处。周回以身洒之，获免主人大难。犬运水困乏，致毙于侧。俄尔信纯醒来，见犬已

---

① 参见张廷兴：《谐音民俗》，中央民族大学出版社，2000。

死,遍身毛湿,甚讶其事。睹火踪迹,因尔恸哭。闻于太守。太守悯之曰:"犬之报恩,甚于人。人不知恩,岂如犬乎!"即命具棺椁衣衾葬之。今纪南有义犬冢,高十余丈。

这就是著名的义犬冢的传说。《搜神记》还记有《华隆家犬》也很感人:

太兴中,吴民华隆,养一快犬,号"的尾",常将自随。隆后至江边伐荻,为大蛇盘绕,犬奋咋蛇,蛇死。隆僵仆无知,犬彷徨涕泣,走还舟,复返草中。徒伴怪之,随往,见隆闷绝,将归家。犬为不食。比隆复苏,始食。隆愈爱惜,同于亲戚。

宋元明时期,中原汉族与闽南人不断迁居两广,狗信仰也与当地文化融合,产生石狗崇拜。人们用玄武岩雕刻成狗的形象,安置于寺庙祠堂前、村路口、巷头、家门旁,用以驱邪镇魔、保境安民,进而守山坡、守田洋、守江河、守坟墓、守水口。每月初一、十五早晚还为石狗烧香供茶,年三十为石狗披红结彩。

狗作为文字,多用于乳名。周岁时行抓周礼,同时还要起乳名。旧时由生父携糖、饼之类请族中长者取名,一般起吉祥的名字。还有专起贱名,以求好养活,其中主要是狗名。在人们心目中狗本来就好养活,什么都吃,却长得好好的,如二狗、狗蛋、黄狗、黑狗、秋狗、春狗等,有寄望能抗风霜、抗病灾、有出息之意。

(十一)蟾蜍

蟾蜍,即虾蟆、癞蛤蟆、蚧蛤蟆,皮肤粗糙,背部长满了大大小小的疙瘩,非常丑陋。蟾蜍之所以成为崇拜物,主要有两个原因。

一是源于道教月宫的传说。传说帝尧时代,天上突然出现十个太阳,给神州带来了恐怖和灾难。一个叫后羿的神射手,把其中九个太阳射了下来,替万民消除了灾难。王母娘娘赐给后羿一包不死药。后羿的徒弟逄蒙知道后,趁后羿不在,威逼他的妻子嫦娥交出不死药。嫦娥危急之时拿出不死药一口吞了下去,顿时,身子飘离地面向天上飞去。由于嫦娥牵挂着丈夫,便飞落到离人间最近的月亮上成了仙。

百姓们闻知嫦娥奔月成仙的消息后,纷纷在月下摆设香案,向善良的嫦娥祈求吉祥平安。从此,中秋节拜月的风俗在民间传开了。

而《全上古文》辑《灵宪》则记载了"嫦娥化蟾"的故事:"嫦娥,羿妻也,窃王母不死药服之,奔月。将往,枚占于有黄。有黄占之曰:'吉,翩翩归妹,独将西行,逢天晦芒,毋惊毋恐,后且大昌。'嫦娥遂托身于月,是为蟾蜍。"嫦娥变成癞蛤蟆后,在月宫中终日被罚捣不死药,过着寂寞清苦的生活。唐代李商隐曾有诗感叹:"嫦娥应悔偷灵药,碧海青天夜夜心。"故民间传说月中有蟾蜍,把月宫唤作蟾宫,也以玉蟾为月的代称。金代诗人李俊民写道:"鲛室影寒珠有泪,蟾宫风散桂飘香。"

二是因为"蟾"与"钱"谐音。俗话说得金蟾者得富贵,民间以为金蟾具有吐钱、不嫌贫爱富的特点,所以街铺商店喜欢摆放金蟾,金蟾成了最佳旺财吉祥物。催财蟾蜍并非普通蟾蜍,它拥有三只脚,与其他四只脚的蟾蜍不同,很会吐钱,所以被当作旺财瑞兽。催财金蟾背上有北斗七星,嘴衔两枚铜钱,头顶太极两仪,脚踏元宝山,背负写有"招财进宝、一本万利、二人同心、三元及第、四季平安、五谷丰登、六合同春、七子团圆、八仙上寿、九世同居、十全富贵"等字的铜钱。蟾蜍的材质以玉及铜最为常见,其次是瓷。

民间还流传有"刘海戏金蟾,步步得金钱"之说。明清之际,"刘海戏金蟾"的画非常盛行,画中多为刘海用缠缚着一串金钱的绳索和金蟾玩耍的情景。清初以来,此题材更是常见于表示喜庆、吉祥的传统年画上,寓意发财、富贵。民间传说,很早以前黄山脚下的汤口村,住着一位姓刘的老农民,只有一个儿子叫刘海。南海龙王有个女儿叫巧姑,一次,当她变作一只金蟾蜍跃出白龙潭时遇险,幸亏被刘海救下。巧姑不忘刘海,为了报答他,经常变作金蟾爬上荷叶,扔给刘海金钱。后来,刘海牵动金钱的丝线,金蟾就变成了一位漂亮的姑娘,嫁给了刘海。其实,据清人翟灏《通俗编》记载:"《湖广通志》云:刘元英号海蟾子,广陵人。事燕王刘守光为相。一旦,有道人谒,索鸡子十

第二章 神圣的文字

枚，金钱十枚，置几上，累卵如钱，如浮图。海蟾惊叹曰：'危哉！'道人曰：'人居荣乐之场，其危有甚如此者。'尽掷之而去。海蟾子由是大悟，易服，从道人游历名山，所至有遗迹。宋初于潭州寿宁观题诗，乃自写真于旁，此即今刘海洒金钱之说所托。"刘海十六岁登科，五十岁至相位，出家时应为一位白发老人，而且相貌清癯，不修边幅。但民间版画中的刘海却返老还童，成了一个活泼可爱的胖小子儿。也有说刘海戏金蟾的图案是和道家仙祖吕洞宾有关。吕祖得道成仙后，号称"海蟾"，手持连钱之绳，戏钓金蟾，寓意"财源兴旺""幸福美好"。这里的金蟾，不光是富贵的意思，还有得道成仙的含义。

（十二）鹤

鹤也叫仙鹤，即丹顶鹤，是生活在沼泽或浅水地带的一种大型涉禽，性情高雅，形态美丽，素以喙、颈、腿"三长"著称。丹顶鹤羽色素朴纯洁，体态飘逸雅致，鸣声超凡不俗，在《诗经·小雅·鹤鸣》中就有"鹤鸣于九皋，声闻于野"的精彩描述。

鹤在道教中为长寿仙禽，具有仙风道骨，因此有仙鹤的说法。道教以为凡人经过刻苦修炼获得正果，就可以乘鹤飞升。传统的说法，年长的人去世叫驾鹤西游。

鹤还是长寿的象征，民间以为鹤寿无量，后世常以"鹤寿""鹤龄""鹤算"作为祝寿之词。

在民间图案里，人们常把仙鹤和挺拔苍劲的古松画在一起，作为延年益寿的象征，"松鹤延年人延寿"，取名为"松鹤长春""鹤寿松龄"；把鹤与龟画在一起，寓意"龟鹤齐龄""龟鹤延年"；把鹤与鹿、梧桐画在一起，表示"六合同春"。

骑鹤仙人是中国古代建筑琉璃瓦中的一种装饰，用来修饰房屋屋顶，最多的是十一个，最少的是三个。它们的排列顺序是，最前面为骑鹤仙人，然后为龙、凤、狮子、麒麟、獬豸、天马等。

全国各地鹤的文化遗迹有很多，最著名的是黄鹤楼。南朝梁萧子显撰《南齐书》有"夏口城据黄鹄矶，世传仙人子安乘黄鹄过此上也"

之句。相传吴黄武年间，原江夏辛氏开酒肆，有仙道费子安常来饮酒，数载不付酒钱，后取橘皮在壁间画一鹤，"客来饮，但令拍手歌之，鹤必下舞"，经十几年，辛氏即于飞升处建楼，名黄鹤楼。

上海还有仙鹤园，现为陵园，地处马桥古文化遗址的闵行区马桥镇南端。相传仙鹤园所在地就是八仙之一韩湘子家的后花园。据说，当时园内有一方池塘，由于受韩湘子的仙气吸引，四方仙鹤云集于此，韩湘子经常驾鹤往返于仙界和人间，此园即被称为"仙鹤园"。

（十三）喜鹊

喜鹊，又名鹊、客鹊、飞驳鸟、干鹊、神女，体形稍大，羽毛大部为黑色，肩腹部为白色。喜鹊多生活在人类聚居地区，喜食谷物、昆虫，叫声婉转，又亲近人类。人们把喜鹊赋予喜庆、吉祥、好运的含义。

我国青海省海东市乐都区出土的一件"柳湾文化"彩陶罐上有喜鹊图案，说明喜鹊文化起源于原始社会时期。古人遇喜鹊多认为是好预兆，会撞上好事，这与乌鸦的寓意正好相反。所以宅院影壁、建筑木雕砖雕多有"喜上眉梢、日日见喜、喜报三元"等图案。喜字一般由喜鹊的形象来代替。两只鹊儿面对面叫"喜相逢"，双鹊中加一枚古钱叫"喜在眼前"，一只獾和一只鹊在树上树下对望叫"欢天喜地"。流传最广的，则是鹊登梅枝报喜图，又叫"喜上眉梢"。

民间最喜欢喜鹊清晨的叫声，人们认为只要清晨喜鹊叫，则必定喜事临门。《西京杂记》有"干鹊噪而行人至"之说，唐朝时有关的兆验故事更广泛传播。张鷟的《朝野佥载》中有这样一个故事：

> 贞观末，南康黎景逸居于空青山，常有鹊巢其侧，每饭食以喂之。后邻近失布者，诬景逸盗之，系南康狱。月余，劾不承，欲讯之，其鹊止于狱楼，向景逸欢喜，似传语之状。其日传有赦，官司诘其来，云："路逢玄衣素袷人所说。"三日而赦果至，景逸还山，乃知玄衣素袷者，鹊之所传也。

黎景逸被冤枉入狱，他喂食的那只喜鹊停在狱窗前欢叫不停，果然三天后他被无罪释放。《禽经》中也说："人闻其声而喜。"北宋欧阳修赋诗赞道："鲜鲜毛羽耀朝辉，红粉墙头绿树林。日暖风轻言语软，应将喜报主人知。"

民间认为喜鹊鸣叫预兆儿子婚姻事成，儿媳登门。传说喜鹊原是天宫的仙鸟，叫鹊儿。天上的织女与人间的牛郎相爱结缘，却被王母用银河隔开，只能在每年农历七月初七由喜鹊架桥相会一次。

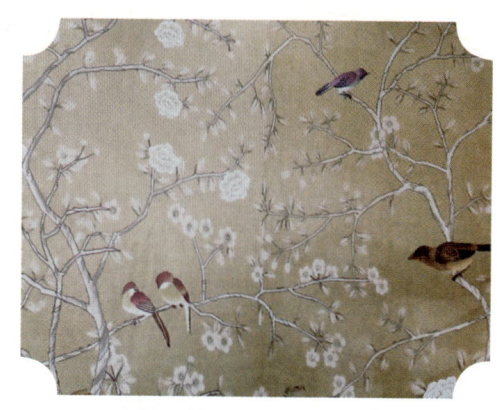

喜鹊登枝图（张廷兴　摄）

民间最喜欢的图案就是喜鹊登枝。民间传说：

有一年牛郎对织女说，玉帝派金牛星下凡，给人间撒了些草籽，大地处处绿茵，只是缺少花木，人间还不是很美。这话被鹊儿们听到，就把这件事转告了王母娘娘。王母娘娘听了鹊儿的请求，心想，玉帝派金牛星给人间撒草籽，落了个好名声，我何不让百花仙子给人间送些花籽，借此名垂千古呢？可王母舍不得冬梅，再三叮嘱百花仙子：百花齐撒，独留梅花！从那时起，人间大地从春到秋，百花盛开，唯独冬天没有花。鹊儿们议论后，偷了一株梅树苗，又派一只鹊儿衔到人间。从此大地上就有了梅花。因时值腊月花开，所以人们称它"冬梅"或"腊梅"。王母发现此事，下令绑了送梅的鹊儿的双腿，并把它关进笼里禁了起来。从此，鹊儿也就练就了蹦蹦跳跳的本领。后来，专管天宫鸟类的三足鸟得知此事，很同情这只鹊儿，冒风险打开笼子放了它。这只鹊儿飞到人间，看到梅花吐艳，就在梅枝之间跳来蹦去，还"喳喳喳"叫个不停。这株梅花树栽在一个富人的花园里，这家小姐恰逢出嫁日，按当地风俗，姑娘正在绣楼上"哭嫁"。忽然，鹊儿的阵阵叫声从窗口飞了进来。姑娘听了不知是何声音，走到窗口向花园望去。她看到梅枝上有只从未见过的鸟儿，羽毛美丽，叫声悦耳，舞步轻盈。姑娘一时高兴，取来剪刀和红纸，照着鹊儿和梅花的样子，很快便剪成了一幅窗花。这时，家人来催姑娘快上轿。姑娘拿着刚剪好的窗花，自言自语道："这是什么鸟……"快嘴的丫鬟忙说："今日大喜，姑娘逢喜事，就叫它喜鹊吧！"姑娘上了轿，到了婆婆家，她剪的窗花也随同嫁妆抬了过来。男家开染坊，家主见新媳妇的这幅"喜鹊登梅"的窗花剪得好，就照着画了，又加了只喜鹊，寓意成双成对，双喜临门。画好后，以镂空手法阴刻在硬板纸上，把白布放在硬板纸下，用豆浆面往上面一刷，把布放在染锅里一煮，将面浆洗去晾干。从此以后，便有了蓝底白花的"喜鹊登梅"的印花布。①

《酉阳杂俎》续集卷八还说喜鹊的巢能治病："鹊构窠，取在树杪枝，不取堕地者，又缠枝受卵。端午日午时焚其巢灸病者，疾立愈。"《拾遗记》卷六还说喜鹊是国瑞："（汉）章帝永宁元年，条支国来贡异瑞，有鸟名鶌鹊，形高七尺，解人语。其国太平，则鶌鹊群翔。昔汉武帝时，四夷宾服，有献驯鹊，若有喜乐事，则鼓翼翔鸣。按庄周云：'雕陵之鹊'，盖其类也。"

（十四）鸳鸯

鸳鸯，就是羽色鲜艳华丽的野鸭。鸳鸯繁殖期成对活动，形影不离，飞同振翅，游同戏水，栖则连翼，交颈而眠。雄左雌右，是永恒爱情

---

① 赵毅：《漫谈郧西的祭祀文化》，郧西在线，www.yxol.net/html/2013/0524/46601.shtml，2013-5-24。

的象征，是相亲相爱的表率。人们甚至认为鸳鸯一旦结为配偶，便陪伴终生，即使一方不幸死亡，另一方也不再寻觅新的配偶。《诗经·小雅·鸳鸯》写祝贺新婚情景，直接以鸳鸯起兴，象征新婚夫妇像鸳鸯成双成对，永不分离：

> 鸳鸯于飞，毕之罗之，君子万年，福禄宜之。鸳鸯在梁，戢其左翼，君子万年，宜其遐福。乘马在厩，摧之秣之，君子万年，福禄艾之。乘马在厩，秣之摧之，君子万年，福禄绥之。

西晋崔豹《古今注·鸟兽》将其视为爱情的象征："鸳鸯，水鸟，凫类也。雌雄未尝相离，人得其一，则一思而至死，故曰雅鸟。"干宝《搜神记》讲述了这样一个故事："宋康王舍人韩凭娶妻何氏，美，宋康王夺之。凭怨，王囚之。凭遂自杀。妻乃阴腐其衣。王与之登台，自投台下，左右揽之，衣不胜手。遗书于带曰：愿以尸还韩氏，而合葬。王怒，令埋之，以相对，经宿，忽有梓木生二冢之上，根交于下，枝连其上，有鸟如鸳鸯，雌雄各一，恒栖其树，朝暮悲鸣，音声感人。"明代李时珍《本草纲目》卷四十七："终日并游，有宛在水中央之意也。或曰：雄鸣曰鸳，雌鸣曰鸯。"唐代卢照邻《长安古意》更是大加赞扬，甚至表示出"愿作鸳鸯不羡仙"的浓烈感情：

> 长安大道连狭斜，青牛白马七香车。玉辇纵横过主第，金鞭络绎向侯家。龙衔宝盖承朝日，凤吐流苏带晚霞。百尺游丝争绕树，一群娇鸟共啼花。游蜂戏蝶千门侧，碧树银台万种色。复道交窗作合欢，双阙连甍垂凤翼。梁家画阁中天起，汉帝金茎云外直。楼前相望不相知，陌上相逢讵相识。借问吹箫向紫烟，曾以学舞度芳年。得成比目何辞死，愿作鸳鸯不羡仙。比目鸳鸯真可羡，双去双来君不见。生憎帐额绣孤鸾，好取门帘贴双燕。……

故民间婚礼常以鸳鸯比作夫妻，新婚用品有鸳鸯衾、鸳鸯帐、鸳鸯被等，四合院的影壁与游廊上也多画有鸳鸯戏水、鸳鸯贵子等吉祥

鸳鸯戏水绣品

图案。

人们还创造了许多词语，如鸳侣、鸳盟、鸳偶、鸳衾、鸳鸯枕、鸳鸯剑、鸳帏凤枕等，都含有男女情爱的意思。

作为图案，"鸳鸯戏水"是我国民间常见的图案：成双结对的鸳鸯在水面上相亲相爱，或交颈嬉戏，或悠闲自得，或追逐而行，或相互梳理羽毛。女子刺绣鸳鸯，也便成了深情与甜蜜的象征。

作为婚联，很多联对使用鸳鸯：

双行细写鸳鸯卷，十幅新填豆蔻词。

缕结同心日丽屏间孔雀，莲开并蒂影摇池上鸳鸯。

不愿似鸳鸯嬉戏浅水，有志像海燕搏击长风。

白首齐眉鸳鸯比翼，青阳启瑞桃李同心。

秋水银堂鸳鸯比翼，天风玉宇鸾凤和声。

春窗绣出鸳鸯谱，夜月捍斟琥珀杯。

银镜台前人似玉，金莺枕侧语如花。

（十五）喜蛛

喜蛛是一种长脚的小蜘蛛。民间以之在七夕应巧。南朝梁宗懔《荆楚岁时记》曰："是夕，陈瓜果于庭中以乞巧。有喜子网于瓜上则以为符应。"五代王仁裕《开元天宝遗事》曰："七月七日，各捉蜘蛛于小盒中，至晓开；视蛛网稀密以为得巧之候。密者言巧多，稀者言巧少。民间亦效之。"北宋孟元老《东京梦华录》曰，七月七夕"以小蜘蛛安合子内，次日看之，若网圆正，谓之得巧"。南宋周密《乾淳岁时记》曰："以小蜘蛛贮合内，以候结网之疏密为得巧之多久。"明代田汝成《熙朝乐事》曰，七夕"以小盒盛蜘蛛，次早观其结网疏密以为得巧多寡"。

第二章 神圣的文字

民间还以此作为喜事前兆。西晋陆机《诗疏》载："荆州、河内人谓之喜母，此虫来著人衣，当有亲客至，有喜也。"

民间图案中还把喜蛛当作吉祥昆虫，故名为"喜"，用它象征喜事从天而降，比喻突然遇到意想不到的喜事。图案就是一只蜘蛛从网上悬垂而下。喜蛛的信仰由来已久，唐人张鷟《朝野佥载》中记载，传说鸿胪寺丞张文成某天清晨忽然发现一只大蜘蛛从门梁的一张蛛网上悬空垂下，他不禁说道："喜从天降，喜从天降。"

（十六）蝙蝠

蝙蝠是哺乳动物，又名仙鼠、飞鼠，形状似鼠，前后肢有薄膜与身体相连，夜间飞翔，捕食蚊蚋等小昆虫。因"蝠"与"福"谐音，人们以蝠的图案表示多福、福气、福禄寿喜等吉祥意义。

双福：两只蝙蝠在一起，左右各一，相互勾合。

福在眼前：一只蝙蝠与有眼孔的双钱，用百结相连，寓意"福在眼前"。

五福临门青铜镜

五蝠捧寿：五只蝙蝠围着一团"寿"字，即"五蝠捧寿"，意为"五福添寿"。

八仙五蝠：八只桃子、五只蝙蝠，意为"福寿双全"。

五福临门：门前五只蝙蝠，曰"五福临门"。

五福和合：盒中飞出五只蝙蝠。

纳福迎祥：一个小孩子仰望几只在天空中飞翔的蝙蝠。

穿福戴福：旧时丝绸锦缎常以蝙蝠图形为花纹，叫作"穿福"；婚嫁、寿诞等喜庆场合妇女头上戴的绒花和一些服饰、器物上也常用蝙蝠造型，叫作"戴福"。

蝙蝠的形象在许多留存古老的建筑以及砖刻、石刻中几乎随处可见。北京恭王府中，最北的一组建筑物是由邀月敞亭、东西两侧爬山廊、西配房和两侧曲形的耳房组成的，整座建筑样式如一只张着双翼的蝙蝠，因而得名"福殿"。

（十七）姓氏图腾文字

"姓"由"女""生"二字组成。《说文解字》云："姓，人所生也。古之神圣，母感天而生子，故称天子；从女，从生，生亦声。"《吕氏春秋》卷二十载："昔太古尝无君矣，其民聚生群处，知母不知父，无亲戚兄弟夫妻男女之别，无上下长幼之道"。在原始母系氏族社会里，社会生产力与科学水平十分低下，先民就把女子生育归之为某种神灵的意志与力量，把受孕与她们的饮食、行为联想起来，其祥物、瑞兽、幻梦、吉象成了图腾的意志和行为。这就是图腾感生说。

《史记》载，姜嫄履巨人之迹而生后稷，华胥履大人迹而生伏羲。姜嫄所履巨人足迹为熊迹，故周人以熊为图腾，并因姬字的右半部分像熊迹之形而以姬为姓。

《论衡·奇怪篇》记载，禹母吞薏苡而生禹，故夏姓曰姒；契母吞燕卵而生契，故殷姓曰子。

东夷部族以鸟为图腾，史称"鸟夷"，有不少鸟类的图腾演化为姓氏，如鸟氏、凤氏、爽鸠氏等。

少数民族地区以图腾为姓氏的例子更多。如云南傈僳族以"荞"为图腾，故姓荞氏；拉祜族以虎为图腾，故姓虎氏。此外如水鸟氏、瓦雀氏、野猫氏、孔雀氏等，均由图腾演化而成姓氏。

其他来源的姓氏，也被其族群当作吉祥文字而崇拜。如以国为姓的：唐氏，为尧帝初封于唐地，周代又封其后裔为唐侯，其子孙就为唐氏。商氏，舜帝命契为司徒，封于商，子孙为商氏。其他如齐、鲁、卫、晋、管、蔡、霍、曹、陈、楚、郑、吴、韩、魏、许、吕等均以国为姓。也有很多是以封邑为姓的，如温、元、苏、毛、甘、樊、祭、尹、陆、栾、郦、邴等。

二、古老的文字

有些古文字，由于其传说或者其在上古历史上的记载作用，具有了深厚的文化含义，其字体也被当作吉祥字体得到书法家、民众的喜欢。例如，这些古文字现今仍然经常用于书刻艺术，在民间的刺绣中也较为常用。

（一）甲骨文

甲骨文是中国古代占卜时用的龟甲和兽骨。使用甲骨进行占卜，要先取材、锯削、刮磨，再用金属工具在甲骨上钻出圆窝，在圆窝旁凿出菱形的凹槽，此过程称为钻、凿。然后用火灼烧甲骨，根据甲骨反面裂出的兆纹判断凶吉。然后在占卜后把占卜日期、占卜者的名字、所占卜的事情用刀刻在卜兆的旁边，有的还把过若干日后的吉凶应验也刻上去。

商代是先民进入农耕社会后农耕文化开始繁荣的时期。由于农耕生活靠天吃饭，民众产生了朴素的自然崇拜。王室贵族凡遇祭祀、收成、征伐、田猎、病患、生育、出门等，均要求神问卜，才决定是否要去做。故商人的问卜包括了政治、军事、文化、社会习俗、天文、历法、医药等多个方面内容。

甲骨文实际上就是卜辞，代表着先民朴素的信仰和崇拜，因此一直具有一些吉祥的含义。

（二）篆文

篆文是大篆、小篆的统称。大篆指甲骨文、金文、籀文、六国文字，它们保存着古代象形文字的明显特点。小篆也称"秦篆"，是秦朝的通用文字，是大篆的简化字体。它的形体匀称齐整，较容易书写。

郭沫若《古代文字之辩证的发展》认为："篆者掾也，掾者官也。汉代官制，大抵沿袭秦制，内官有佐治之吏曰掾属，外官有诸曹掾史，都是职司文书的下吏。故所谓篆书，其实就是掾书，就是官书。"

(三) 鸟虫书

鸟虫文，即鸟虫篆，又名虫书、鸟书、鸟篆、鱼书，是中国春秋中期至战国时代盛行于南方的一种文字。它的特点是字形类似鸟虫鱼的形状，故有此命名。现在旅游景点、集市摊点上，还经常遇到民间艺人书写这种花鸟文字。

(四) 河洛图

河洛图又叫"河图洛书"，是关于中国古代文明的著名传说。传说，六七千年前，龙马跃出黄河，身负河图；神龟浮出洛水，背呈洛书。伏羲根据河图洛书绘制了八卦。之后大禹治水，河伯献河图，宓妃献洛书，帮助大禹战胜了洪水。

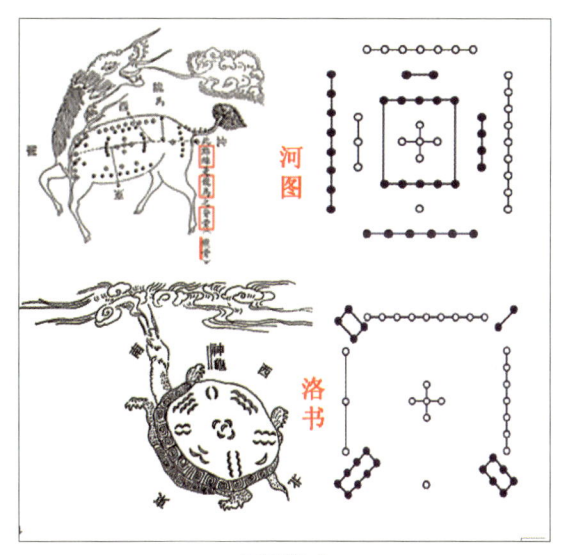

河图洛书

(五) 陶文

1959年，山东大汶口出土了一些陶器，上边刻有一些符号，可以看成是早期（约前4300）文字的雏形，我们称之为"陶文"。现在已出土的陶文以半坡陶文为最早，大约自公元前4800—前4300年之间。大汶口文化、龙山文化、良渚文化时期都有陶文。

陶文最早只是刻画上的一种标记符号,到了战国时代,陶器上的文字则多为印文,内容为人名、官名、地名、督造者名、吉祥语和年月等。

三、神灵牌位与碑文

中华各民族普遍有过神灵崇拜的文化期。这些神灵,有的是天地万物自然神,有的是祖先神。随着社会的发展,人们认识自然、认识自我能力的提高,思维的发展,科技的进步,对自然神的崇拜逐渐淡化,但是对祖先的崇拜,一直深深扎根于中华儿女的文化中。有关祖先神灵的文字,例如牌位、碑文,就成了神圣的文字。

(一)祭祀牌位

面对浩瀚神秘的大自然,特别是风雨雷电、洪涝灾害等灾难,人们在生产力低下的年代里,只能屈服于各种各样的神灵,并且以虔诚的言行来祈求神灵庇佑众生,降福于民。所以,祭祀应运而生,并成为古代社会政治、经济、生产劳动中最重要的一件大事。

视死如生、视神如人一直是民间原始宗教的基本观念。每有重大节庆、活动,就要祭祀神灵。各种神庙、家庙广为兴建,各种祭祀用品、祭祀礼法约定俗成。祭祀的神主,开始用木头人,后来用木牌、玉牌、纸制的牌位,或者画像。文字也具有了相当的神力。如果为去世的父亲做神主,那就可以写"先考×(姓氏)公讳××(名字)之神主"。

祭祀分家祭、祖祭、公祭三种。家祭主要摆放已故亲人牌位。祖祭需要摆放家族、支脉列祖列宗的牌位。公祭则主要祭拜自然神灵,由请神、迎神、祭神、送神四部分组成,一般要摆放多个天地鬼神的神灵牌位,或者摆放历代贤者圣人牌位。牌位就等于本人,所以上面的字具有神圣性。

(二)碑文

碑文,是指刻在墓碑竖石上的文字。这种文字是专为刻碑而作。

墓碑作为神圣物，主要来源于它的用途、写法、场合等因素。

墓碑文、墓志铭原本只专供剥削阶级而用，平民百姓没有资格立碑，也立不起碑。后来，刻碑风俗逐渐走向了民间。在主流文化传统里，后汉出现墓记、封记、画像石题字、石椁题字等，可以看作是碑文、墓志铭的肇始。魏晋时墓志骈体风格明显，禁立碑。南北朝墓志采用了格式化的写法。唐朝的墓志数量较前代多，墓主身份也由前朝皇室贵族普及中下级官员，对墓主个人的记载，如妻子儿女的记载明显增加了很多，对墓主个人的事迹也有较具体的描述。到了北宋中期，墓志文体又有了变化，长篇墓志增加，对墓志主的事迹有更具体、详细的描写，并且彻底转为散文风格，形成了明显的传记文学，向史传文学过渡。

古人的墓碑、墓志都有定制。碑多是长方形，螭首龟趺。碑头为篆额，要用篆体字书写"某朝某官某人墓碑"。墓志为方形，刻石加盖，上写某官某人墓志，叫作书盖。墓碑文一般要写明姓名、籍贯、家世、经历、功绩、逝世时间、某年某月葬于某地，最后是铭文。墓志的内容包括姓名世系、籍贯、行为事迹、年寿、逝世年月、子孙大略、葬时、葬地，最后是铭文。铭文多为韵文，用三言、四言、五言、七言或骚体，赞颂其功绩。

只有简洁的碑文的碑，叫标名碑，一般用在平民身上：墓碑通常有抬头、正文、落款三部分。抬头写死者的生前职务、职业等；正文主要写明立碑者对死者的称谓及死者的姓名，如"先考王君××大人之墓"；落款写明立碑人的身份、姓名，立碑时间可写可不写。

现代沿袭下来的墓碑有两种：一是标名碑。碑的前面正面标明墓中人的姓名、立碑人及立碑时间，碑的背面不刻碑文。二是背面刻写碑文的碑。碑文一般包括姓名、籍贯、家世、经历、成就、逝世年月、葬时葬地，最后是铭文，多为韵文，均请人撰、刻。墓碑铭文行文从右向左，分为四行。第一行写逝者的生殁年月日；第二行是碑题，写逝者的姓名；第三行写立碑人；第四行写立碑时间。字以碑题文字最大，其他三行文字的字体大小相当。

四、帝王与名人的题字

在名胜古迹、官宦的家园，其著名的建筑物上，往往会有历代帝王的题字，它们被人们当作崇拜物保存、瞻仰。

泰山石刻

庄严神圣的泰山，山中的石刻文字与自然景观完美和谐地融合在一起，成为社稷稳定、政权巩固、国家昌盛、民族团结的象征。故从秦朝至明清，历代帝王、使臣，均来朝拜祭祀泰山。建庙石刻比比皆是。各朝各代名人也接踵而至，留下了许多墨宝。赞颂泰山的诗词、歌赋，亦多达1000余首，朝山览胜石刻2500余处，被誉为"中国摩崖刻石艺术博物馆"。

我国其他山峦，如黄山、嵩山、衡山、青城山、武夷山，

武夷山石刻寿字（张廷兴　摄）

都有大量的历代帝王与名人的题字。其中就有很多福寿的吉祥文字。

五、敬惜字纸

文字在古代是非常神圣和神秘的。古人认为文字就是天机，所以一般人不会写、不能学。鲁迅先生在《门外文谈》中谈道："因为文字是特权者的东西，所以就有了尊严性，并且有了神秘性。中国的字，到现在还很尊严，我们在墙壁上就常看见挂着'敬惜字纸'的篓子。"讲的就是人们重字惜纸的风俗。

民间以为，纸上写了字，就字如其事，就成了一件能为众人带来祸福的东西，不应轻视。清代山东的戏曲家曾衍东曾画一幅"敬惜字纸"的条屏，上方题诗云："惜字当从敬字生，敬心不笃惜难成。可知因敬方成惜，岂是寻常爱惜情。"有字的纸不能随便扔，都要拾起来，聚在炉子里焚烧。

中华民族从古到今，都有悬挂名人字画的传统，故而形成了中华书画文化。这些字画，既表达了人民对于文字的珍爱和重视，也使这些字画在内容的选择和文字的使用上，多为吉祥的含义。

佛教也重视字纸。一代高僧印光大师说："人生世间，所资以成德达才，建功立业，以及一才一艺，养活身家者，皆由文字主持之力，而得成就。字为世间至宝，能使凡者圣，愚者智，贫贱者富贵，疾病者康宁，圣贤道脉，得之于千古，身家经营，遗之于子孙，莫不仗字之力。使世无字，则一切事理，皆不成立，而人与禽兽无异矣。既有如是功力，固宜珍重爱惜。窃见今人任意亵污，是直以至宝等粪土耳，能不现生折福折寿，来生无知无识乎哉。又不但有形之字，不可亵污遗弃，而无形之字，更不可亵遗弃。孝，悌，忠，信，礼，义，廉，耻，若不措之躬行，则成亡八字矣。八字既亡，则生为衣冠禽兽，死堕三途恶道,可不哀哉。"①佛教还编了《惜字征验录》记载了许多如乞儿拾字纸转世富贵,穷书生惜字科甲连绵,乃至瞽者转明、愚者转智等故事,以为敬惜字纸,福报甚大。古人有偈云:"世间字纸藏经同,见者须当付火中。或置清净长流水,自然福禄永无穷。"

道教设置了掌管文字的文昌帝君。文昌帝君是中国民间和道教敬奉的掌管士人功名禄位的神灵,全称"文昌梓潼帝君",亦称"文昌星",或"文星""文曲星",是主持文运功名的星宿。

《明史·礼志四》载:"梓潼帝君者,记云:'神姓张,名亚子,居蜀七曲山,仕晋战殁,人为立庙。'"明清两朝大肆尊供文昌帝君,凡天下学官,皆去文昌祠祭拜,并修筑大量的文昌宗庙,隆重祭祀。

人们还借着文昌帝君的名声,编写了《文昌帝君惜字功律二十四条》:

平生以银钱买字纸至家,香汤浴焚者万功,增寿一纪,得享富贵,子孙贤孝。

平生偏拾字纸至家,香水浴焚者万功,增寿一纪,长享富贵,子孙荣贵。

多收字纸,字灰深埋净地者一千功,安乐不流离,子孙昌盛。

刊刻惜字书文,遍传世人者五百功,永无是非,多生贵子。

抄写敬重字纸书训,阖门令其珍惜者三百功,子孙发达。

见惜字文留示子孙,及己身敬信供礼者百功,安乐无祸。

化人银钱,买字纸浴焚者百功,寿增一纪,施财人永远富贵。

---

① 《普劝敬惜字纸及尊敬经书说》,载《印光法师文钞续编卷下》,"民国"二十四年(1935年)。

劝世人惜字,并焚怪异淫乱等书者百功,本身增寿,子孙昌盛。

僧道不以有字之幡幕作囊杂用,能自戒劝人者五十功,德名光显。

见人作践字纸,能以素纸换焚或以他物换焚者五十功,百病不生,转祸为福。

禁人不以字纸拭秽者五十功,其人昌盛。

凡人有难,或急或缓,见字纸必焚浴者万字十功,即得平安。

劝人不以字纸及钱,放床褥下者十功,一生永得平安。

偶遇秽处,见字纸即收起,不轻忽者十功,一生平安。

禁人马上有文字及钱不骑者十功,永得安乐。

不以字纸及书夹鞋样,自戒内眷及劝人者十功,子孙智慧不忤逆。

劝人不以书字置湿处霉烂并扯碎毁践者十功,必得名寿。

生平不轻笔乱写涂抹好书者十功,永无凶事。

刮洗器物门壁上字者十功,眼目光明。

赞扬敬字文为功德者十功,获福必多。

见人以字纸封盖荤臭器皿换取浴焚者十功,无恶事相遇。

遇字纸污秽,漂净水中,百字一功,免诸疾障。

以字纸焚香炉中者五功,得享吉祥。

代人收采浴焚字,万字一功,得享清福。

后来又编写了《文昌帝君亵字罪律二十九条》,与上面二十四条相结合,令世人更加敬重文字和纸张:

将人钱买要浴焚之字纸,取用作践者,一百罪。夭折,子孙贫贱。

骗人买字纸钱，不买字纸焚者，一百罪。定染恶病夭折。

己身不敬字纸经书，又不训教子弟，递相轻侮者，一百罪。恶疮遍体，生痴聋喑哑。

遇字纸焚处，踏践扑灭收用者，八十罪。定生肿毒。

家中破书废纸，换碗换糖作践者，八十罪。定生痴聋喑哑。

家藏敬字书文，或拭秽并糜烂者，七十罪。多恶事无救。

僧道以有字幡作囊杂用者，六十罪。薄福受刑。

以字纸包药裹经书木鱼器用者，五十罪。蒙蔽慧心。

以字纸拭物拭几，及揉搓弃地者，四十罪。遭流离去智慧。

劝善书惜字文，不信不传者，三十罪。穷年窘迫，生不肖子。

以经书字纸，放船舱底，并马上骑坐者，十罪。生疮受人欺侮。

己身不敬字纸，反笑人者，十五罪。多遭横非。

以字纸漂污水，焚秽地者，十五罪。多目疾皆盲。

以经书作枕头，及以钱与字放床褥者，十五罪。穷苦受杖。

以字纸引火打亮者，十罪。生疮癣。

见妇女剪字纸做鞋样，为花垫盘盛盒，男子不禁止者，十罪。受官刑惩。

字纸糊窗垫，褙屏表书者。定冤枉不明。

以字纸嚼烂吐壁上，及扯碎作书捻者，十罪。烂唇。手生恶疮。

掩昧敬字纸功德者，十罪。不得吉祥。

女眷以字纸书夹鞋样，男子不禁止者，十罪。不得吉祥。

妇女绣字于荷包，香袋、扇插、枕头上，不行禁谕，及系带于腰间，枕卧亵污者，五罪。得晕眩拘挛疾。

亲笔乱写。抛撒不顾，及旋写旋抹者，五罪。足生毒疮。

以字纸扇书启插鞋袜者，五罪。足生毒疮。

以字号写器物上，致人坐践者，四罪。家店不祥。

以不净手检阅经书者，三罪。生叉指疮。

以字砖垫路者，三罪。行事不顺遂。

于地上画字者，三罪。多遇险阻。

剜裁字迹者，一罪。多受惊。

以字纸褙神像，拾纳墙壁内者，一罪。虽有别功不录。

第三章 企盼的文字

汉字中一些喜庆、吉祥的文字,备受民众欢迎。这些文字大多是关于吉祥、理想和品行的,是人们企盼与追求美好生活的常用载体。我们把这些吉祥文字分为福寿、富贵、平安、吉祥、喜庆、利市、其他七类,进行分析论述,并将每一类文字组成的常见吉祥词语,结合传统吉祥文化,进行集中的释义。

一、福寿的文字

(一)福

福,指福气、福运,是数千年民间最常用的吉祥字,在民间纹饰图案里用得最多。《韩非子·解老》释曰:"全寿富贵之谓福。"《尚书·洪范》也有其解:"一曰寿,二曰富,三曰康宁,四曰攸好德,五曰考终命。"这五种含义,包括长命、富贵、健康、好德、善终等要素,均为人生最佳的理想状态。故以为"福"有"五福"之说。

福,为形声字,从示,畐声。声符亦兼表字义。畐,本象形,是腹字的初文,上像人首,田像腹部之形,腹中的"十"符表示充满之义,腹满义。故福、富互训,以明家富则有福。本义福气、福运。古人用富贵寿考等齐备、祐(佑)、安利、师其类者、备、百顺之名、全寿富贵等来解释,内涵丰富。

有人则认为"福"是会意字,"福"在甲骨文中是双手捧酒的形象。双手所捧大概为当时的盛酒瓦器,捧这些酒的目的是为了祭祀,祈求祖先与神灵保佑。故"福"就是祈求保佑的意思。《周礼·天官·膳夫》以为"凡祭祀之致福者,守而膳之"。贾公彦疏:"诸臣自祭家庙,祭讫，致胙肉于王，谓之致福。"《国语·晋语二》："今夕君梦齐姜，必速祠而归福……骊姬受福，乃置鸩于酒。"《左传·庄公十年》："小信未孚，神弗福也。"又如福礼（祭祀用的供品）、福酒（祭过神明的酒）、福食（供祀神用的食物）、福脯（祭祀用的干肉）。

也有人这样解释"福"："福"字的右边是"一口田"，一个人只要有了田地，就能有吃有穿有用，生活自然就是幸福状态了。也有人说，"一口田"就是"人皆有其田"之义，即每个人都有一定的土地，作为衣食之用，那就更幸福了。这是农耕时代人们共同追求的社会理想和"幸福"生活。

"福"用于书信中，表示美好祝愿，如福安、福体、福躬。这是对尊长的敬语，就是祝愿长者身体安康的意思。

"福"在佛教中，是一种生活圆满的状态。如"种福田"，人们认为积善可得福报，就像只有种田才能有收获，只要种田就会有收获一样，因此"种福田"也叫积福、种福、聚积福运。"福田衣"是袈裟的别称，因为百衲衣像块块田地连缀而成。"福报"即因为福德而得到的好的报应。"造福"原指造福田，佛教谓积善行可得福报，如播种田地，秋获其实；现在指给人带来幸福，如造福子孙。"福善"指福德善行，佛教以为福与善行紧密相关，互为因果。"福宇"指佛寺庙宇。"福业"是佛教用语，指布施行善、慈悲利生等造福的功德。"福舍"指佛教所设布施修福的处所，以赡贫匮，或施药，或施食，口腹之资，行旅无累。"三福"也是佛教用语，指求生净土者应当修行的三种福业，即世福、戒福和行福。"世福"指孝养父母，侍奉师长，慈心不杀，修十善业。"戒福"指受持三归，具足众戒，不犯威仪。"行福"指发菩提心，深信因果，读诵大乘，劝进行者。"福会"指佛教拜忏等祈福活动。

"福"在道教中，被认为是神仙的理想状态。如"福地"，指的是修炼之地，神仙居住的幸福安乐的处所，也叫"福地洞天"，道教有"七十二福地"之说，旧时常以之指称道观寺院。"福判"，指传说中

阴司地府的判官，一般在阎王宫殿中塑其像，与仙童、钟馗各成对。"福昌"，指福运昌隆，旧时以为日有黄芒则君位福昌。"折福"，即折损福分，古人以为说了不好的话语、做了不妥的事、受到不应得到的好的享受待遇，都是折福，故常用作谦辞。"天官赐福"，天官是道教所奉天、地、水三神，亦叫"三官"，天官即其中之一；这个词语是旧时祈福消灾的吉利话。

"福"在民间，指的是衣食丰足、儿女双全、称心如意。如"福神"，指能赐人幸福的神灵；"福分、福气、福休、福命、福运"，指享受幸福的运气；"福祥"，即幸福吉祥；"鸿福、洪福、丰福、昌福、厚福"，指的是人有大福气、好福气，多为夸赞祝愿之词；"福相"，是未来有福分的相貌，为夸赞之语；"福庇、福荫、福佑"，即天地人各方给予保佑，如福佑子孙、福佑一方。"福荫"，特指祖先赐福保护，古人以为祖先、神灵等都可以庇佑生灵；"福利、福惠、福祉"，即幸福、利益；"惜福"，即珍惜福泽，比喻勤俭节约，多做善事；"永福"，即永久幸福，广西桂林还有一个县，叫"永福县"；"福禄"，幸福与爵禄，指的是既能当官，又能生活美满；"清福"，即清闲之福，享清福，是老年幸福生活的一个标志，专门指衣食无忧和没有烦心事的安逸生活；"眼福"，指看到珍奇或美好事物的福分；"口福"，能吃到好东西的运气；"艳福"，旧时谓家有娇妻美妾，或有美女相伴，或是遇到了美女送怀投抱；"耳福"，指能听到美妙声音的福分，与"眼福""口福""艳福"一样，也为称赞与羡慕的语句；"福物、福胙、福脯、福酒"，古代用来祭祀的胙肉、干肉、酒，"福"在这里专门用来称呼祭祀用的东西，如福礼、福品；"请福"，烹宰供奉牺牲，烧香祈求天神降福以求祛病消灾；"痴福"，愚痴之福，有俗谚曰痴人有痴福；"福将"，有福运的将领，指每次都能有运气取胜疆场；"享福、飨福、受福"，谓生活得安乐美好；"托福"，客套话，谓依赖别人的福气使自己幸运；"百福"，多福；"天福"，上天所赐之福；"赐福"，给予幸福；"祝福"，本谓祈神赐福，现泛指祝人顺遂幸福；"纳福"，迎祥得福；"发福"，旧谓得到福运、福气，现称人发胖；"福橘"，即福建产的橘子，过年习俗，辞岁之后，从长辈处得到压岁钱，红纸包着放在枕边，然后将一个福橘放在床头，以祈福；"福星"，指木星，古称木星为岁星，所在主福，所以这样称呼它，比喻能给大家带来幸福、希望的人；"福星高照"形容人很幸运，有福气；"祈福、求福"，周代季夏之月令民咸出其力，以供皇天上帝名山大川四方之神，以祠宗庙社稷之灵，以为民祈福；"福庆钱"，古代一种用来求吉辟邪的钱币，直径一寸二分半，重十铢，也有更大一些的，直径一寸四分，重十八铢；"全家福"，全家和美圆满，特指全家大小合拍的相片。"福如东海"，指福如东海之水，浩瀚无边，一般作祝颂之辞，祝愿对方福分大；"福寿年高、福寿齐天、福寿无疆"，用作祝愿之辞，说的是有福有寿，比天还高，长命百岁，永远安康；"祸福惟人"，是祸是福均取决于人自身的所作所为，亦作祸福由人；"祸福无常"，指祸与福没有固定不变的常规，祸福无门、福无双至、祸不单行、福过灾生、祸福无门、天有不测风云人有旦夕祸福，都是这个意思；"福倚祸伏"，即"祸兮福所倚，福兮祸所伏"（《老子》）的简略语，一方面指福为祸先、福为祸始、祸福同门，另一方面指祸为福先、祸中有福、祸绝福连、塞翁失马焉知非福、因祸得福。

"福"在明清两代，还是妇女的一种礼节，叫作"万福"，就是上身稍微前倾，双手重叠而压，在身体偏右方向，连续三次做小幅度的上下移动的动作，并且边做动作边说"万福"。

民间习惯于春节贴'福'字。新春佳节，家家户户总喜欢在屋门、粮仓或门檐上贴上大大小小的"福"字，取福星高照、迎春纳福之意，以表达人们对幸福生活的追求与向往。据南宋吴自牧《梦粱录》卷六记载：

> 岁旦在迩，席铺百货，画门神、桃符，迎春牌儿，纸马铺印钟馗、财马、回头马等，馈与主顾。……
>
> 十二月尽，俗云"月穷岁尽之日"，谓之"除夜"。士庶家不论大小家，俱洒扫门闾，去尘秽，净庭户，换门神，

第三章 企盼的文字

挂钟馗，钉桃符，贴春牌，祭祀祖宗。

民间有将福字精雕细琢做成各种图案的习惯，图案有寿星、寿桃、鲤鱼跳龙门、五谷丰登、龙凤呈祥等。为了更充分地体现这种向往和祝愿，有的干脆将"福"字倒贴于门上，表示"福到家门"。过去民间有"腊月二十四，家家写大字"的说法，"福"字以前多为手写，现在市场、商店中均有出售。

在广西壮族自治区永福县的凤山，有一个"福"字大石刻，源于北宋武状元李珙"掌书福字"的故事。李珙，字温之，永福县堡里乡陂角村人，北宋大观元年（1107年）武状元。史载："李珙，少业儒，尚气节，两升上庠，三试礼部而不遇，乃慨然以功名自奋。大观初，以武略而魁天下。"李珙功成名就，衣锦荣归之时，曾到凤山脚下的书馆拜谢恩师。恩师请他题一幅座右铭以激励后人，李珙不用毛笔，而以掌着墨写了一个大大的福字。李珙掌书福字的本意，是他觉得这一方福山福水给了他福运，文试不中，武举夺魁，一举成名，所以他书写了这个大大的"福"字。清代时，凤山澄心寺高僧寂籁禅师，别号听石僧，以为李珙掌书福字的故事与佛家有缘，于是在山顶巨石上刻下了这个大"福"字。从此，只要来到永福的人，都要登上凤山揽福、摸福、祈福。[①]

民间艺术作品常常巧妙地利用汉语谐音象征幸福如意。蝙蝠、鹿、花瓶、佛手等动植物被视为吉祥物。画一蝙蝠前面摆着古钱，象征"福在眼前"；一童子捉一蝙蝠纳入瓮中，象征"纳福"；一童子仰望天空飞翔的蝙蝠，象征"迎福"；五只蝙蝠围绕寿字叫"五福捧寿"；鹿与蝙蝠组合的年画象征"福禄双全"；一只鹭鸟和芙蓉的组合象征"一路富贵"。

---

① 参见张廷兴、梁熙成主编：《永福福寿文化志·百寿图考释》，中国档案出版社，2007。

(二) 寿

寿，形声字。《说文解字》："寿，久也。从老省。"寿，活得长久。字形采用有所省略的"老"作边旁。《诗·小雅·天保》："如南山之寿。"《昭明文选》卷二十注引《养生经》以为"上寿百二十，中寿百年，下寿八十"。后用于生日的吉祥语，如寿辰、祝寿、寿诗、寿文、寿序、寿宴、寿斑、寿诞、寿酒、寿考、寿礼、寿联、寿面、寿桃、寿翁、寿人、寿星、寿幛等。

"寿"字为我国最古祥的文字之 ，寓意大都为健康长寿、富贵长寿、福寿如意、福寿双全等。故在中华文化的宝库中，"寿"字有百余种写法，每一种"寿"字都有健康长寿、福寿双全的寓意。在我国古代象形文字中，"寿"字最早始于商代，战国时代各国各自为政，文字又不相通，秦始皇统一中国后，统一了文字，"寿"字才基本定型。

但这个字也用于装殓死人的用品，如寿衣、寿器（也叫寿棺、寿材），以此避凶化吉。

中国道教文化在民间得以流行，在很大程度上源于人们避恶趋善的求福心理与对仙寿长生的追求。道教认为人的生死由道支配。在道的统领下，人们可以避灾求福，长寿永生。

寿与"兽"同音谐意，兽多以麒麟代表，故麒麟被视为长寿的神兽。在商周青铜器、汉代的画像石、唐代的石刻等文物上有大量的麒麟纹饰。在许多地区，每逢春节，人们抬着竹骨纸扎的麒麟，依次到各家门前演唱，以示祝贺。

龟，象形字，甲骨文头像它（蛇）头，左足右甲壳下尾。龟为长寿之物，传说能活千年。汉字起源传说也与它密切相关。《尚书中候》："黄帝巡河洛，龟书赤文成字象轩。"《初学记》卷六《帝王世纪》："黄帝时，天大雾三日。帝游洛水之上，见大鱼，杀五牲以醮之。天乃甚雨，七日七夜，鱼流，始得图书。今《河图·视萌篇》是也。"《太平御览》："河图挺佐辅曰：'黄帝修德立义，天下大治。'乃召天老而问焉：'余梦见两龙挺日图，即帝以授余于河之都。觉昧素

喜不知其理,取问于子。'天老曰:'河出龙图,雒出龟书,纪帝录图。圣人所纪姓号,与谋治平然后凤凰处之。今凤凰以下,三百六十日矣。合之图纪天其授帝图乎。'"龟甲兽骨文是中国已发现的古代文字中时代最早、体系较为完整的文字。

古人以龟、龙、麟、凤合称"四灵"。《礼记·礼运》:"麟、凤、龟、龙,谓之四灵。"麟为百兽之长,凤为百禽之长,龟为百介之长,龙为百鳞之长。

在常用词语里,龟玉,指龟甲和宝玉,古时皆为国家重器;龟寿,比喻高寿;龟龄,比喻长寿,如龟龄鹤寿、龟鹤遐寿。

直至今日,乡村特别是南方地区乡村的老人们,仍爱用龟支床足,用"龟龙寿"作祝寿之词。这都反映了人们对长生的追求。

松、鹤等也被当作长寿的象征物,故龟鹤遐寿、龟年鹤寿、松柏之寿、松乔之寿、麻姑献寿、蟠桃庆寿、众仙庆寿等图案也同样表达祝寿、长寿的意思。

"福如东海长流水,寿比南山不老松"是常见的对联,人们认为人生的最高境界就是"福寿全归"。

百寿图最能反映民众对于"寿"字的崇拜。百寿图是著名的摩崖石刻,在广西桂林永福县百寿镇东岸村旁百寿岩内。

百寿岩岩口向北,宽19米,高13米,洞深3米,岩内面积约400平方米。岩内外石壁上现存有宋代以来石刻20余处,内容有题记、题名、诗赋、吉语、格言等,在岩西距地3米余的石壁上,镌刻着百寿图。百寿图造型奇巧,端庄肃穆,一个高175厘米,宽148厘米的大寿字中阴刻一百个小寿字,"真、草、篆、隶"皆备,落款为"绍定己丑知县史渭(谓)刻于静江古县,桂林王鼋刊"。

百寿图拓片

据此可知，百寿图刊刻于1229年，这也是百寿岩中第一通摩崖石刻。"百寿图"中的100个小寿字字体各异，无一雷同。有楷、隶、篆、行、草、甲骨文，尤多商鼎文、周鼎文、汉鼎文、易篆、古隶、古斗金文、飞白书。最奇异的是有鳍隶、燕书、西夏台书等以古代国名相称的字体和象形的蝌蚪文、星斗文、火文、树文、龙文、凤文、聚宝文等字体。所集书法家字体，有程邈、怀素、虞世南、蔡襄、王献之的书体以及"书圣"王羲之的"换鹅经"字体等。从历史文化的角度说，它还吸收、兼容了少数民族文化、外来文化、宗教文化。如其中的"玉帝天文""上帝印章""瑶池宝意""四利佛书""西方梵书""飞章符""皇极篆""青黄君书""玄隶""帝君玉牒"具有浓郁的宗教色彩，"西夏台书""聚宝文"内的珊瑚、珍珠、象牙体现了汉族文化与其他文化的交融。在"百寿图"的铭章中还有许多不见经传的书法家，如"徐百公""许教宗""郑尚书""高家贤""碣夫人""花葵夫人"等，更具有书法史意义。①

下令摹刻百寿图者为知县史谓，《永宁州志》谓"史谓，绍定己丑任古县知县"：

> 相传山东籍进士史谓到古县做知县（百寿镇宋时属古县）。他上任伊始，发现当地百姓屡因"丹砂井"发生纠纷，诉讼不断，时有械斗、流血、丧命事件发生，便下令远近村户每户推举一位老者前来协商解决井水纠纷的办法，以止械斗，安宁县境。不料，来者竟然有100位，而且全是百岁以上老者。百位百岁老者个个都是智叟，他们给史谓出谋划策，很快便把困扰地方多年的"丹砂井"纠纷案解决了。从此，四方安宁，县境和谐，人寿年丰。史谓有

---

① 参见黄南津、张廷兴主编：《永福福寿文化志·百寿图考释》，中国档案出版社，2007；黄南津、刘家毅、邱明波：《广西永福百寿图考释》，《学术论坛》，2008（5）。

感于此，便邀请当时一批书法名家齐集夫子岩内，大家寻经查典，广征博引，历时一年终于创作出了一幅气势宏大、寓意深刻的"百寿图"。史谓请来一位叫王竈的摩崖石刻高手，将"百寿图"镌刻于岩内石壁顶端。①

百寿图石刻是现今所见的中国时代最早的集古代单字诸体为一身的古代摩崖石刻，对宋以后的百寿图、万寿图都有重要影响。

在山东的青州云门山上，也有一个大大的"寿"字。它刻于明嘉靖三十九年（1560年）九月初九，时值衡王生日，衡王府内掌司周全请来了全国最有名的石匠，在衡王府南的云门山顶的大岩石上刻了一个高7.5米、宽3.5米的巨大寿字。据说其下边"寸"字的一点是衡王亲自"点睛"的，当衡王拿笔把这一点涂红后，这个巨大的寿字突然大放光芒，将整个青州城以及北边的土地都照亮了。衡王大悦，命名青州以北的地方叫"寿光"。也有的说，明代有一位名叫雪蓑的叫花子，常在青州城里讨饭吃。一日是明衡王的生日，雪蓑来给衡王祝寿。他蔑视在座权贵，大大方方地在上座就座。众人说："你有何礼，敢坐上座？"雪蓑说："礼嘛，就在南山上。"众人往城南的云门山一看，只见石崖上有个大"寿"字闪闪发光。因为字大，有"人无寸高"的说法。

汉语中，"寿"字组成了很多词语，被民众经常使用。有关做寿的一些物事，皆冠以"寿"字。如"寿辰、寿诞"，指生日；"做寿"，指庆祝生日，多用于老年人；"寿翁"，对被祝寿者的尊称；"暖寿"，旧俗于寿诞之前一日置酒食祝贺；"拜寿"，向年长者表示生日祝贺；"大寿"，一般指五十岁以上逢十的寿辰，但是必须在"九"这一年过；"寿联"，祝寿的对联；"寿烛"，祝寿所用的蜡烛；"寿礼"，祝寿的礼品；"寿面"，祝寿用的面条，生日食用的面条，民间习俗，生日吃面条象

---

① 参见黄南津、张廷兴主编：《永福福寿文化志·百寿图考释》，中国档案出版社，2007。

与三江百岁老人合影

征长寿,明代开始,宫廷里太后圣诞,皇后令诞,太子千秋,俱赐寿面,也叫长寿面;"寿酒",祝寿的酒;"寿宴",祝寿的宴会;"上寿",向人敬酒,祝颂长寿;"寿幛",呈赠给寿诞者的锦幛;"寿屏",呈赠给寿诞者的寿文、寿词、诗画屏条;"寿桃",祝寿所用的桃,一般用面粉做成,也有用鲜桃的,神话中西王母娘娘做寿,设蟠桃会款待群仙,食后可使人延年益寿,所以一般习俗用桃来做庆寿的物品,《太平御览》卷九百六十七引《神异经》:"东北有树焉,高五十丈,其叶长八尺、广四五尺,名曰桃。其子径三尺二寸,小狭核,食之令人知寿。""借寿",旧时迷信者在亲人病重时祷告于神,烧化很多的纸钱,愿减己之寿以延病者之寿,称为"借寿";"寿衣",老年人生前做好备用的殓衣;"寿材",老年人生前备下的棺材,亦泛指一般棺材;"全寿",谓尽享天年,寿终正寝;"寿终",自然老死曰寿终;"老寿、遐寿、高寿、长寿",指年纪人;"老寿星",传说中象征长寿的福神,后用以称誉高寿的老人;"避寿",谓某人在寿辰时节避而外出,以躲避亲友的庆贺,民间讲究必于逢九逢十之年出游躲避;"正寿",指人五十、六十、七十等整岁寿日;"做阴寿",替死去的人做寿;"万寿节",封建时代指君主的生日;"无量寿",极言高寿,长生不老,无量寿佛则是阿弥陀佛的意译,为佛教净土宗的信仰对象。

在祝寿时还要说一些祝寿的词语,如"寿同松乔",松、乔为古代传说中的仙人赤松子和王乔，指像仙人那样的长寿；"龟鹤遐寿"，相传龟、鹤寿有千百之数，祝人长寿的颂辞；"南山之寿"，南山即终南山，寿命像终南山那样长久；"福寿绵绵"，福多寿高；"寿山福海"，寿像山那样久，福像海那样大，祝人长寿多福；"寿比南山"，祝颂语，祝福长寿。

祝贺寿辰的故事中比较著名的是八仙祝寿和麻姑献寿。

八仙祝寿。"八仙"是中国传说中的八位仙人，他们的名字具有吉祥含义，其使用的器具叫"暗八仙"，也带有成仙的吉祥含义。汉钟离，扇；吕洞宾，剑；铁拐李，葫芦；曹国舅，笏；蓝采和，拍板；张果老，渔板；韩湘子，笛子；何仙姑，莲花。这些人物、图案经常被用于祝寿的场合。

麻姑献寿。关于麻姑，《古小说钩沈》辑《列异传》载："神仙麻姑降东阳蔡经家，手爪长四寸。经意曰：'此女子实好佳手，愿得以搔背。'麻姑大怒。忽见经顿地，两目流血。"清褚人获《坚瓠集》卷三引《一统志》："麻姑，麻秋之女也。秋为人猛悍，筑城严酷，督责工人，昼夜不止，惟鸡鸣乃息。姑有息民之心，乃假作鸡鸣，群鸡相效而啼，众工役得以少息。父知，欲挞之，麻姑逃入山中，竟得仙而去。"民间传说麻姑逃入山中后，其父大怒，放火烧山欲置麻姑于死地。正巧王母路经此地，急忙降下大雨，将火熄灭，并对麻姑爱民之心大加赞赏，收下麻姑作为弟子，带她去南方的一座山中修炼，这座山就是南城县西边的麻姑山。麻姑山中有十三泓清泉，麻姑就用此泉之水酿造灵芝酒。十三年酒乃成，麻姑也修道成仙，正好逢王母寿辰，麻姑就带着灵芝酒前往瑶台为王母祝寿。

民间还喜欢用"寿"字来命名。如延寿客，是菊花的异名，世人以菊花、茱萸，浮于酒饮之，以为能辟邪延寿；寿山石，为石名，产于福建省闽侯县北六十里寿山五花坑，有黄、白、灰、绿、褐等色，可制文具及其他珍玩，又适雕刻，故成为长寿的象征物。

二、富贵的文字

（一）富

富，形声字，从宀，表示与房屋宫室有关；畐声，兼表字义，像人腹满之形。其字形表示富人安居宫室，丰于饮馔，故后来指财产多、富裕，如富足、富饶、富庶、富强、富豪。在历史上，禄位昌盛、臣能世禄曰富，财物丰厚、生活富足也曰富。

作为吉祥文字，"富"用以称谓富足的人群。如首富，指最富有的人；富翁，指具有大量钱财的人；富豪，指有钱又有权势的人；富室，指富有人家。富商大贾，亦作"富商巨贾"，指拥有大量钱财的商人；富甲一方，即拥有的钱财在地方上居第一位。

形容富有的词语也有很多，如富贵，指富裕而又有显贵的地位，也说成富贵荣华。家财万贯、腰缠万贯、锦衣玉食、琼楼玉酒、穿金戴银等词语，也都形容生活优裕。一掷千金，指用钱满不在乎，一花就是一大笔。富贵荣显，指财多位高，显赫荣耀。富可敌国，亦作"富堪敌国"，谓私人拥有的财富可与国家的资财相匹敌，形容极为富足。富贵骄人，指有地位，有财有势，盛气凌人。富贵利达，犹言功名利禄。富丽堂皇，形容房屋宏伟豪华。富埒王侯，指富有的程度与国王诸侯相当，形容非常富有。富轹万古，形容极其丰富，超越千秋万代。

民间有很多关于富的观念，赋予了"富"字更加丰富的内涵，如：

富国安民：使国家富裕，使人民生活安定。这是历朝历代统治阶级治理国家的目标。

富在知足：指有了财富之后，要知道满足，不要贪得无厌。这是

明代富人沈万三像

警戒富足者的话。

宁可清贫，不作浊富：这句话出于宋代释道原《景德传灯录·招庆道匡》："宁可清贫自乐，不作浊富多忧。"这句话体现了传统的精神追求和品格要求。

勤劳致富：改革开放以来，我国取得了巨大成就，人民生活水平得到提高，昔日落魄穷困的人家如今有的已经相当富有。一些人民在创业初期可谓相当艰苦——靠着一股子闯劲，靠着勤奋好学的态度，靠着一次次摸索、一分分积攒，创造了一个个令人赞叹的致富神话。

富不过三辈：这是俗语。老人都说，穷不过三辈，富也富不过三辈，意思是说，如果勤劳、努力，三代内就可以富裕起来，但如果骄奢淫逸，再大的家业也会败落，顶多三代就会破灭。这是鼓励后人要勤劳努力——穷与富不在天而在人。这是一种忧患意识，也是一种激励心理。最突出的案例体现在"富"字无头的处理中。南京市博物馆考古人员在对龙蟠中路一处工地进行抢救性考古发掘时，发现两处明代建筑遗迹。工作人员在开挖的四处考古探方内，还发现了两个"灰坑"，里面有大量明初三代的碎瓷片，在一个碗底上有"长命富贵"四个字,可是富贵的富字却没有上面的一点。外行看起来觉得很奇怪。考古专家称，这个富字的点是工匠在做碗时故意不添上去的，而"富无头"这样的碗则寓意着富贵没有尽头。孔府门前的对联出自纪晓岚之手，也是用的文章通天、富贵无边的寓意。富字无头，表示富贵无顶，颇显孔家殷富一方的意味；章字贯日，彰显文章冲天，盛赞孔家底蕴深厚。

为富不仁：是对一种错误行径的批评和否定。《孟子·滕文公上》："为富不仁矣，为仁不富矣。"赵岐注："富者好聚，仁者好施，施不得聚，道相反也。"在古代的行业排序中，"士、农、工、兵、商"，商人排在末位，这显然是一种偏见。

富贵不能淫：这句话出自《孟子·滕文公下》："富贵不能淫，贫贱不能移，威武不能屈，此之谓大丈夫。"意思是说，意志不为金钱和地位所迷惑，强调的是做人的志气和骨气。

富贵如浮云：语出《论语·述而》："不义而富且贵，于我如浮云。"后来则以"富贵浮云"指富贵利禄变幻无常，不足看重。

富贵逼人来：这句话有个典故，《北史·杨素传》载："常令为诏，下笔立成，词义兼美。帝嘉之，谓曰：'善相自勉，勿忧不富贵。'素应声曰：'臣但恐富贵来逼臣，臣无心图富贵。'"后以"富贵逼人来"言不求富贵而富贵自来，形容有福气。

(二) 财

财，形声字，从贝，才声。因为贝是古代原始货币的主要种类，所以财为货币、金钱与物资的总称。按照《礼记·坊记》"先财而后礼"的说法，财主要指币帛。后来凡粟米丝麻材木可用者皆曰财。再后来，财富、财宝、财帛、财产、财物、钱财、资财、地财、浮财、洋财等都是财的范围。

传统文化很讲究生财之道。《礼记·大学》："生财有大道。生之者众，食之者寡，为之者疾，用之者舒，则财恒足矣。仁者以财发身，不仁者以身发财。未有上好仁而下不好义者也，未有好义者其事不终者也，未有府库财非其财者也。"这是说一个人通过正规渠道、凭自己的本事、用双手辛勤劳动积累财富，就会懂得珍惜财富、经营财富，进而变得更加勤奋。而用这样的人来管理国家，就会使国库充盈，使国家财富越聚越多。如此，人民就会变得富裕，国家也就会变得非常强盛。

民间很讲究财运。迷信的人认为发财要有运气。为了求得财运，民间讲究摆放吉祥物，如花瓶、珍玩、财神、元宝、宝瓶、三阳开泰图、山水图、鹿群、如意、蟾蜍、金钱豹、麒麟、水晶、聚宝盆、菠萝、柚子、橘子、古钱、盆栽、花艺、发财树、富贵竹、鸡血石、丰收图、年年如意图、檀香、水晶阵、福禄寿三仙、土地公等，以增加福泽运气。

民间求财的方式很多，如在春节时拜求财神。财神是赵公明，也叫赵公元帅,赵公元帅本为道教所信奉的神。赵公明在《真诰》①中为五方诸神之一,即阴间之神。传说赵公元帅本为终南山人,自秦时避世山中,修炼成道,做了张道陵修炼仙丹的守护神,成为正一玄坛元帅,掌赏罚诉讼、保病禳灾、买卖求财,故被人们视为财神。《封神榜》则载财神为赵公明,原在峨眉山罗浮洞修道,后帮助殷纣王攻打周武王,死后被封为金龙如意正一龙虎玄坛真君之神,统领招宝天尊、纳珍天尊、招财使者、利市仙官四个部下,因为他和所统领四人的职责都与财有关,所以,他被民间封为财神。过年期间,设有专门的接财神日——正月初五。在这一天,全国各地均有接财神的习俗。许多商店也会供奉赵公明的木版印刷神像。此外,还有"烧财神"的风俗,旧时迷信的人祭财神消灾求福。

民间还有文武财神之说。文财神是财帛星君,也称增福财神,他的绘像经常与福、禄、寿三星和喜神列在一起,合起来为福、禄、寿、财、喜,成为民间木板年画、神像的主要内容。财帛星君手捧一个聚宝盆,上面写着"招财进宝"四字,一般张贴、悬挂在家里的正厅,以祈求财运、福运。武财神则是关圣帝君,即关公。传说关云长管过兵马站,长于算数,而且讲信用、重义气,故商家多祭拜他。

还有五显财神。五显财神信仰流行于江西德兴、婺源一带。兄弟五人封号首字皆为"显":老大名叫柴显聪,老二名叫柴显明,老三名叫柴显正,老四名叫柴显直,老五名叫柴显德。因为他们生前劫富济贫,死后仍惩恶扬善、保佑穷苦百姓,故被人们称为五显财神。这种信仰体现了商家的精神和品德。在过去,很多地方都有五显财神庙,北京安定门外过去也有五显财神庙。

民间还传说财神为五路神。所谓五路,指东西南北中,意为出门五路,皆可得财。清代顾禄《清嘉录》云:"(正月初)五日为路头神

---

① 《真诰》,南朝陶弘景编撰。

诞辰。金锣爆竹，牲醴毕陈，以争先为利市，必早起迎之，谓之接路头。"

围绕"财"字，除了产生了广开财源、财源滚滚、财源茂盛达三江、发财、大发其财等大量的吉祥语，还产生了其他很多零碎的讲究和风俗。

一是产生了恭喜语，如发财、恭喜发财。在春节、店庆、开业时，这两个词语经常被使用。甚至连询问职业，都说"在哪里发财"或者"在哪里高就"。

二是开财门。年末岁首为讨吉利，俗称大门为"财门"。除夕夜，在交子时烧香敬神、燃放鞭炮迎春之后，将大门关闭，为"关财门""封财门"。直到正月初一凌晨打开，为"开财门"。

三是讲究财运、财源。迷信的人认为发财要有运气，这种运气谓之"财运"。财源指的是钱财的来源，往往说"财如东海""财源滚滚"。

四是对横财的态度。横财指意外的、非分的钱财。一些人一边相信"人无横财不富，马无夜草不肥"，一边又相信"横财不发薄命人"。人们认为不应大发横财、发国难财，即用非法的手段或者趁国难，谋取大量钱财。后来又出现了"发洋财"一词，本来说的是从外国或外人方面获得大量财物，也泛指意外获得大量财物。

五是信仰善财童子。传说善财童子为福城长者之子，其入胎及出生时，种种珍宝自然涌现，故称之为善财。还有一种说法，说善财童子是观音菩萨用七颗宝珠化成的童子身，农历六月十三日是善财童子的出生日。

六是万贯家财的观念。万贯家财形容钱财极多。万贯：古代用绳索穿钱，一贯为1000文，形容钱很多。一些人认为万贯家财生不带来，死不带走，留给子孙是祸害，使得一些子孙靠山吃山，失去了奋斗的动力，甚至会使一些子孙成为败家子。

七是跳财神，为旧时民间过年娱乐活动之一。一般在春节期间或者开店仪式上，由一人化妆为财神，头戴乌纱，身穿蟒袍，手持元宝和有"招财进宝"四字的简帖，边跳边舞。

八是讲究和气生财，指待人和善能招财进宝。这是商家的座右铭，相当于今天的"微笑服务"。

九是提倡轻财重义、仗义疏财。轻财好施指不吝惜钱财，喜好施舍。轻财重义指轻视财利而看重道义。仗义疏财指讲义气，拿出自己的钱财来帮助别人。

十是财不露白。旧指有钱财不能泄露给别人看，即不炫耀，越富裕越要低调，越要勤俭节约。唯恐引来土匪强盗、杀人越货者，招致杀身之祸。

（三）彩与利

1. 彩

彩是有图画、文饰的丝织品，如彩章、彩服、彩衣、彩绸；也指赢得的财物，如彩票、中彩、得彩、彩品、头彩。

"彩"引申为得好运，遂成为民间吉祥字，如彩霞、彩云、彩车、彩绸、彩船、彩带、彩旗、彩球、彩灯等喜庆之物，剪彩、张灯结彩等欢庆之事，以及彩气（吉利的兆头）、彩头（吉利、好运道的预兆）等好运的预兆。

民间还把突然发大财，叫"中彩"。当然，为了避凶趋吉，人们还把受伤叫作"挂彩""挂花"。

此外，还有专门用于婚姻喜事的彩轿（旧时女子出嫁时乘坐的轿子）、彩礼，都是吉祥的象征。

2. 利

利，会意字，从刀从禾，表示以刀断禾，即刀剑锋利、刀口快。

作为吉祥字，"利"的意义有四：

一是好处、益处，如利益、谋利、利国利民、利弊、利害、利己利人、百世之利、避害就利、除害兴利、急功近利、见利思义、争名夺利等。

二是顺当的、顺利的，如出师不利、地利人和、富贵利达、流年不利等。

三是利润、利息，如微利、盈利、暴利、赢利、利润、利息、财利、利路（生财门路、钱财）、胜利、多利、利率、利钱等。

四是吉利，如利市，既代表利钱，又表示运气好。

（四）金与银

1. 金

金，会意字，金文字形。从人（表示覆盖）从土从二。《说文解字》："金，五色金也。黄为之长。久埋不生衣，百炼不轻，从革不违，西方之行，生于土，从土左右。"从土表示藏在地下，从二表示藏在地下的坚硬矿物。民间多称金子。

金在纸币诞生前是流通货币，属于硬通币，以两为单位，至今仍然作为国家货币硬通货在国家银行储存。

金在过去又是金属制品的总称。我国很早以前就有了冶炼技术，将以铜为主的金属锻炼为各种兵器和日常用品。刀、剑、箭等兵器具有避邪的作用，钏、镯一类的饰品和金银华美之服是女子们富有的标志。金多与荣华富贵相联系：金缕（金色丝线）、金兽（门环上的金色衔环）、金蚕（金色的蚕）、金蛇（金色的小蛇）、金蛾（金色的蛾形图案）、金凤（金色的凤凰）、金钱、金枝玉叶、金宫（华美的宫室）、金穴（极富贵人家）、金貂（汉以后皇帝侍臣的冠饰）、金榜（科举时代俗称殿试录取的榜）。

金还与帝王、贵族相联系，喻尊贵、贵重、难得、持久、坚固、有光泽等，如金兰（友情深）、金刚（梵语意译，喻牢固、锐利）、金牌、金瓯（盛酒器，喻疆土完整）、金城汤池、金殿（金饰的殿堂，指帝王的宫殿）、金缕玉衣（中国汉代皇帝和贵族的殓服，按死者等级分为金缕、银缕、铜缕，1968年满城汉墓出土的两套金缕玉衣保存完整，形状如人体，各由两千多片玉片用金丝编缀而成，每块玉片的大小和形状都经过严密设计和精细加工，可见当时高超的手工艺水平）。

2. 银

银，通称银子，主要用作货币流通物，或用来打制银器、饰品，是富贵的象征。常见的银制品有钿头银篦、银盘、银元宝等。

旧时银子还长期作为我国的主要流通货币，以两为单位，故称银子为银两。后来出现了银票，即印有银两数额、代替银两的纸币。

银圆（银元）是我国"民国"时期流通的本位货币，是圆形硬币，一银圆相当于七钱二分白银，也叫银洋，俗称洋钱。

民间还有"穿金戴银"的说法，言生活富足，极其富贵。

在过去很长一段时间里，人们还把一些金银炼化成元宝、锞子。早在唐初就有了开元通宝，元代把重量达五十两者叫作"元宝"，就是元代的金银宝贝的意思。人们后来把黄金叫作金元宝，把银锭叫作银元宝。

（五）玉与宝石

1. 玉

玉，象形字，为一种珍贵的矿石，质细而坚硬，有光泽，微透明，可雕琢成簪、环等各种装饰品。甲骨文字形像一根绳子串着一些玉石，由此不难看出，古时人们就已经把它当作财富、身份的标志和装饰品了。

古人不仅用玉磨制生产工具和武器，还把玉作为一种礼器用来祭祀祖先，将其视为象征权力、财富和祥瑞之物，用其比喻美德，以其象征空前繁荣的辉煌景象，同时，也就有了期望高官厚禄、向往生活富裕、驱逐邪恶避免灾祸的心理期盼。

《说文解字》云："玉，石之美，有五德，润泽以温，仁之方也。"意思是说，玉石可以象征仁、义、智、勇、洁五种品德，代表着君子的风范。所以，在先秦时代，玉石就成了男子必须佩戴的饰品。故《礼记·曲记》曰："君无故玉不去身。"就是说，戴玉的人没有特殊情况，不能让玉离开自己的身体。

同时，基于万物有灵的原始思维与观念，人们视死如生，便将玉作为祭祀的供品,故《左传·庄公十年》所载曹刿论战有"牺牲玉帛,弗敢加也,必以信"之句。人们还把玉石作为随葬品陪葬,因此后来才有了大量玉器的出土。

玉石有硬玉和软玉之分。硬玉即翡翠,颜色明丽纯净,有高绿、葱绿、芯绿、黄杨绿、旧艳绿、金丝绿等几种,质地细腻坚硬。最好的软玉要算新疆和田玉中的羊脂白玉,也叫作籽玉。它的特点一是细腻莹润如凝脂,二是色泽质地美。

在古代,玉石是珍贵、富贵、富丽堂皇的象征,也是君子美德贤才的象征。如玉墀、玉阙、雕栏玉砌、琼楼玉宇、玉树、玉盘、玉砚、玉雕、玉罕、玉斗、玉壶都是用玉石做成的精美器物,玉辇、玉玺、玉带是古代帝王、王后、官员所用的物品,玉搔头、玉簪、玉佩都是贵重的饰品,而堆金叠玉、金马玉堂、锦衣玉食等带玉的词语则指代穷奢极欲的生活。

古今诗人在诗词歌赋中,经常用玉来比喻洁白、美丽。如玉人、玉女指代女子,玉照指女子照片,玉笋指女子手指,玉荣、玉颜、玉容花色指女子娇美的脸庞。玉魄、玉屑、玉珥、玉羽是对洁白的月亮、雪花、云气、羽翼的喻称。人们还用白玉无瑕、玉洁冰清、亭亭玉立、金口玉言、金枝玉叶、冰清玉洁描写女子的美好情态。

古代以玉为美、以玉为荣、以玉为贵,崇尚美玉。玉是高洁、纯洁、美德的象征。屈原在《涉江》里就写过"登昆仑兮食玉英,与天地兮比寿,与日月兮齐光"。

还有很多小说、戏剧故事都是以玉石饰品为线索的。饰品在这里或成为爱情的信物或象征着缘分。

2. 宝石

宝石是对贵重石料的笼统称呼,具体有钻石、金绿宝石、绿宝石、红蓝宝石等。钻石是宝石之最,晶莹闪亮,备受人们珍爱,是制作高级首饰、花丝金银镶嵌工艺品的重要材料。变石和猫眼石是金绿宝石的变种。猫眼石磨成弧面型后,出现游动光带,宛如猫眼,因此得名。

（六）禄

禄，即禄位、官位，我们在汉语中常见官禄、俸禄等词。我国古代的科举制度长达几千年，"学而优则仕"的思想深深影响了人们。因此，人们对"禄"怀有特殊的感情，"禄位"是许多人的追求。人们对禄的追求使官本位思想得以形成，如关中农村的匾额上大多写有"耕为第"或"耕为仕"的语句，耕读成为我国农耕社会民众的共同追求，耕读世家也就成了家族繁盛、代代繁荣的标准。

"禄"的含义一是福气、福运，如禄祚（福分和寿命）、禄命（古代宿命论者认为人生的盛衰、祸福、寿夭、贵贱等均由天定）、禄相（旧时相术认为人的形体、气色等与人的贵贱贫富、夭寿等有关）。二是官吏的俸给，借指升官，如高官厚禄、爵禄、薄禄、禄蠹、禄仕、禄荫、俸禄、禄勋、禄米、禄位、无功受禄、功名利禄等。加官进禄、福禄长久也是很多读书人、官员追求的人生目标。

与"禄"有关的文化风俗有很多：

（1）民众认为官运是读书人非常关注的，所以设置了相应的神灵去掌管。民间一般认为禄神是魁星和文昌星。有禄相就是有官运、有贵气。禄神不但受到官场人士的敬奉，也受到老百姓的喜爱，成为民间的吉祥神和文神。禄神与福神、寿神一起在中国民间受到尊奉。民间也有把禄神当作送子神的，有禄星送子的说法。

（2）因为"鹿"与"禄"谐音，在中国的年画、风俗画和吉祥画中，人们一般用"鹿"来象征"禄"。如"福禄寿三星图"中便是一个老寿星骑在一只鹿上，上空飞着蝙蝠。

（七）宝

宝，甲骨文字形像房子里有贝和玉，表示家里藏有珍宝，属于会意字。但是在西周金文里，又加上一个声符"缶"，古音与宝同。《说文解字》："宝，珍也。"

1. 珍贵的东西

宝贝本来指贵重少见的贝壳，后来演变为珍奇的、很有价值并被当作心爱之物珍藏起来的东西;今天亦是对子女、恋爱对象等亲爱者的昵称。

《国语·鲁语》记载了这样一个故事:

> 莒太子仆弑纪公,以其宝来奔。宣公使仆人以书命季文子曰:"夫莒太子不惮以吾故杀其君,而以其宝来,其爱我甚矣。为我予之邑。今日必授,无逆命矣。"里革遇之而更其书曰:"夫莒太子杀其君而窃其宝来,不识穷固又求自迩,为我流之于夷。今日必通,无逆命矣。"明日,有司复命,公诘之。仆人以里革对。公执之,曰:"违君命者,女亦闻之乎?"对曰:"臣以死奋笔,奚啻其闻之也!臣闻之曰:'毁则者为贼,掩贼者为藏,窃宝者为宄,用宄之财者为奸。'使君为藏奸者,不可不去也。臣违君命者,亦不可不杀也。"公曰:"寡人实贪,非子之罪。"乃舍之。

这个故事中的宝指的是玉。《史记·廉颇蔺相如列传》亦载"和氏璧,天下所共传宝也"。

2. 形容珍贵

宝贵指极有价值。宝钞古时指纸币,即元、明、清发行的一种纸币,如至元通行宝钞、大明通行宝钞、大清宝钞。

3. 形容贵重

有一些宝物由于稀有而具有极高的价值,如宝衣(贵重的衣服)、宝床(贵重的坐具或卧具)、宝刀(珍贵的刀)、宝玉(珍贵的玉)、宝书(珍贵的书籍)、宝地(地理、气候等条件优越而富庶之地)。

4. 敬称与帝王、佛教有关的事物

帝王用的物件名称多加"玉""宝",如宝字(帝王、神仙所写的字)、宝位(帝位)、宝座(帝王或神佛的座位)、用宝(使用皇帝的印章)。

宝还用来敬称与佛教有关的事物,如宝鼎(香炉)、宝篆(形容香炉之烟缕缕曲折上升,状如篆文)、宝忏(僧道祝祷时念诵的经文)、宝刹(对佛教寺院的美称)、宝塔(佛教徒所建用以藏佛舍利的塔,装饰有佛教七宝）。

5. 敬称与他人有关的人和事

如宝斋、宝舟、宝号、宝眷、宝地等。

（八）丰与裕

丰（豐），象形字，上面像一器物盛有玉形，下面是豆。豆是古代一种盛器，经常被当作祭祀的礼器，祭祀目的是祈求丰收，祈求农作物收成好。

所以，"丰"的吉祥意义一是与丰收相联系，如丰阜、丰壤、丰土、丰产、丰登、丰年、丰收等；二是与富、盛、多相联系，如丰衣足食、百草丰茂、丰沛、丰财、丰霈、丰厚、丰利、丰施、丰秩、丰禄等；三是与富态相联系，如丰满、丰肌、丰壮、丰容、丰盈、丰腴、丰姿、丰润等。

裕，形声字，从衣谷声，意思是衣物丰饶，财物多。相关词语有裕民足国（使人民富裕、国家丰足）、裕利（大利、暴利）、裕裕（宽余自如的样子）、裕宽（松弛、不紧张）、裕如（自如）。

（九）高与升

1. 高

高为象形字，其甲骨文字形为楼台重叠之形，意为突出。如高世（高出世人）、高仙（崇高的仙人）、高品（品德高尚、技艺高超的人）。

"高"字后引申出多种吉祥含义：

（1）尊称。如高邻（对邻居的敬称）、高堂（父母）、高诲（尊称别人的教诲）等。

（2）指年长、年老。如春秋已高、高寿、高龄等。

（3）指高大、远大、盛大。如高殿、高台、高榭、高廪、高馆、高昂、高不可攀、高才、高参、高层、高产、高超、高潮、高档、高等、高级、高额、高飞、高风峻节、高峰、高官厚禄、高贵、高价、高见、高洁、高就、高论、高迈、高妙、高名、高明、高朋满座、高迁、高情、高人、高士、高人逸士、高僧、高尚、高深、高升、高手、高寿、高抬贵手、高徒、高足、官居高位、高薪、高雅、高义、高瞻远瞩、高枝儿、高门大户、才高八斗、高才绝学、高才远识、高才大德、高出一筹、高见远识、高风亮节。

2. 升

升，本义容器名，用以计量谷物粮食。后引申出多种吉祥含义，如地位、职位、官职的升迁，还有登上、向上、提高、上升、升起等含义。过去有升转（官职的提升与调动）、升除（提升官职，拜官受职）、升擢（提升）、升补（官吏的升迁与补缺）、升扬（提升，升迁）、升进（晋升官位）、升第（晋级或被录用）、升秩（升官）、连升三级、升堂入室（官位达到很高的位置）等吉祥说法。现在也有升级、升迁、升任、升学、升值、升资、升格、晋升、提升等吉祥说法。

（十）火与水

1. 火

火，象形字，其甲骨文字形像火焰，又为五行（金木水火土）之一，常用以比喻生意兴隆、人气旺盛，如火爆、红火等。

2. 水

水，可用来养鱼，有年年有余之吉祥含义，常用以比喻财源滚滚，如财如三江之水。

（十一）荣与兴、盛

1. 荣

《说文解字》曰："荣，桐木也。"原指梧桐，也指草本植物的花，为花的通称。《尔雅》："木谓之华，草谓之荣，不荣而实者谓之秀，荣而不实者谓之英。"引申为茂盛、兴盛，如欣欣向荣、繁荣富强、光荣等。

荣，还指受人敬重，如荣誉、荣耀、荣昌、荣泰、荣茂、荣国、荣辉、荣福、荣庆、荣贵、荣润、荣达、荣华等。

商店、公司等名称中也常有"荣"字。

2. 盛

《说文解字》曰："盛，黍稷在器中以祀者也。"盛即放在祭器里的谷物。

盛字有旺盛、兴盛、极充足等吉祥义，如茂盛、丰盛、盛大、殷盛、盛产、盛德、盛景、盛开、盛名、盛年、盛气、盛世、盛业等。

3. 兴

兴，从舁从同，同力共举、举起，有旺盛、蓬勃发展的意思，如兴旺、兴盛等；有使兴盛、流行的意思，如兴国（振兴国家）、兴家（振兴门庭）、兴邦（使国家兴盛起来）等。

兴，也指创办，如兴立（创建）、兴造（施工建造）等；又指提倡，如兴文（提倡文治）、兴义（崇尚道义）、兴举（倡导）等。

兴，也表示愉快、喜悦、有情趣，如兴趣、兴致、兴味、兴高采烈等。

兴家立业、兴利除弊、买卖兴隆、事业兴盛、百废待兴、繁荣兴旺等带"兴"字的词语都是吉祥语。

（十二）酉与有

1. 酉

酉，象形字，酒坛，本义酒。《说文解字》曰："酉，就也。八月黍成，可为酎酒。"酉为地支的第十位，十二生肖中属鸡，金鸡报晓，象征着黑暗过去、光明来临。又因为与"有"谐音，故酉字在民间成为吉祥字。

2. 有

有，会意字，手中有物。"有"字有富裕等吉祥义，如有利、有油水、有福、有盼头、有成、有德、有名、有钱、有为、有喜、有幸、有余、有志等。特别是"有余"，是民间最喜欢的吉祥话之一。

三、平安的文字

（一）安与宁、泰、康、祐、阳

1. 安

安，会意字，从"女"在"宀"下，表示无危险。《尔雅》："安，定也。"《庄子·天地》："共给之为安。"《逸周书·谥法》："好和不争曰安。"

与安相关的词语描绘了民众平静的生活场景和淡然的生活态度。

安寝、安帖、安逸、安乐、安居乐业、安康、安谧、安泰，这些词语表现生活的舒适、安定、恬然、从容。

安娴、安谛、安矜、安俟、安宜，这些词语表现人的稳重、安详、安心。

富安天下、安身立命、安神、安国、安民、安邦、安身立命等词语，使人如沐春风，得到安顿抚慰。

同时，"宀"也用家限制个体的行为，如安分守己、安土重迁、居安思危等词语表现了一种内敛。

2. 宁

有一种说法认为，宁，本作"寍"，从宀，从心，从皿，表示住在屋里有饭吃就安心了。后世假"寧"为"寍"，"寧"行而"寍"废。今"宁"字为"寧"的简化字。

《尚书·洪范》卅始将"康"与"宁"并列为"康宁"。由此构成的吉祥词语有很多，如宁靖（社会秩序安定）、宁静（平静、安静）、宁谧（安静、安宁）、宁日（和平安定的日子）、宁帖（安宁平静）、宁吉、安宁、宁息、宁和、宁泰、宁康、宁平、宁昌、宁居、宁殷、宁晷、宁晏、宁极等。也可以用作动词"使安宁"，如宁人息事、宁内安民、宁民、宁神、宁家、宁乱、宁亲、宁边、宁心、宁候、宁业、宁意等。

《仪礼·觐礼》则将婚后女子回娘家称为"归宁"。由此演化而来的词语也有很多，如宁省（探望年长的亲属）、宁亲（省亲）、宁觐（返里省亲）等。

3. 泰

"泰"有三义，一指安，如国泰民安、处之泰然、泰然自若；二指美好，如否极泰来、天地通泰；三指大之极、极大，如泰运、泰斗。

4. 康

康，为穅的本字，从禾康声，本义为谷皮。

吉祥字首先用其安乐、安定义，如康乐、大康、康平、健康、康泰、康庄大道、福寿安康。其次，用其富裕、丰富义，如康年、小康。

5. 祐

祐，从示右声，指天、神等的佑助。如保佑，指神佛的保护和帮助；佑助，指保佑扶助，庇护。

6. 阳

阳，跟阴相对，指太阳、明亮、凸出的、人世的、雄性的、晴天。古代将旱灾九年称为阳九。

阳还表示温暖、复苏、生长，如阳春、阳关大道。

朝阳丹凤，也叫"丹凤朝阳"，出自《诗经·大雅·卷阿》："凤皇鸣矣，于彼高冈。梧桐生矣，于彼朝阳。"比喻贤才逢圣明时。

否极阳回，犹言否极泰来。《泰》卦内阳而外阴，故称阳。否极阳回指坏运到了头好运就来了。

三阳开泰，《周易·泰卦》："泰，小往大来，吉亨。"《宋史·乐志》："三阳交泰，日新惟良。"《周易》称爻连的为阳卦，断的为阴爻，正月为泰卦，三阳生于下；冬去春来，阴消阳长，有吉亨之象。三阳开泰常用以称颂岁首或寓意吉祥。

（二）顺与达

1. 顺

顺，会意字，从页从巛。页，头。本义为沿着同一方向。民间用其顺利的含义，表示事情进行顺利，合乎心意，故顺字成为吉祥字。

如常说的语句：文章一定要通顺，交通一定要畅顺，家庭一定要和顺，事情做得很顺当，在顺境中长大，看着顺眼，心里特别顺坦，等等。

民间还有"顺"构成的一些吉祥词语。如顺风顺水，指行进的方向跟风向、水流一致，形容特别顺利；顺遂顺心，指事情合乎人愿，进展顺利，特别称心。

民众还喜欢"顺"的性格。如和顺，指性情柔和、听话；顺女，和顺的女子；顺美，和顺善良的性格；顺气，和顺并且有正直之气。顺亲，相顺相亲；顺慈，和顺慈祥。

人们讲究"六六大顺"，将"六"当作吉祥数字，故在选择车牌号、手机号码、出行日期时多用"六"这一数字。我们将在吉祥数字部分详细解析。

2．达

《说文解字》曰："达，行不相遇也。"本义为道路畅通。"达"字作为吉祥字，主要用其以下三个含义。

一是通达事理、见识高远，是一种美好品德，如达者（通达事理的人）、达言（通达事理的言论）、达见（洞晓事物的道理）、达人（乐观豁达的人）、达士（明智达理之士）、达心（心里明白通达）、达生（能参透人生，了解生命的本质）、达权（明白权宜的道理，能临机应变）、达尊（天下人公认的尊贵事物）、达孝（天下公认的最大孝道）、达观（对不如意的事看得开）、达节（不拘常规而合于节义）等。

二是富贵而显达，如达遂（显达顺遂）、达宦（职位显要的官吏）、达官贵人（地位高的官吏和尊贵显赫的人物）等。

三是顺利，如顺达、通达。

（三）得

得为会意字。其金文字形右边是贝（财货）加手，左边是彳。《说文解字》曰："得，行有所得也。"

人们以有所得、获得、取得为吉祥。如得势，指得到地位和权势；得天独厚，指具有特殊的优越条件或环境；得意，指满意，感到满足时的高兴心情；得志，指志愿实现；得采，指赌博得利，或从生意中获得好利润；得宠，指受到宠爱、偏袒；得救，指得到救援，脱离险境；得人心，指因符合多数人的意志而获得多数人的拥护；得胜，指取得胜利；得手，指顺利达到目的，取得成功；得中，指考试通过、被录取；得益，指受到好处、教益。

人们还认为获得一定的方法、渠道或机会，也是吉祥的。如：

得心应手，指心里怎样想，手里就能怎样做，形容技艺纯熟或做事非常顺手。

得便，指遇到适合、方便的机会。

得法，指采用正确的方法，找到窍门。

四、吉祥的文字

（一）吉

吉，会意字。其甲骨文字形上为兵器，下为盛放兵器的器具，表示把兵器盛放在器中不用，以减少战争，使人民没有危难。《说文解字》曰："吉，善也。"《逸周书·武顺》："礼义顺祥曰吉。"《周易·坤》："安贞，吉。"在古代，占卜多是为了选择好的日期，以逢凶化吉。

吉是古代祭祀礼仪，需要穿吉服。吉服即古代祭祀时穿的礼服。吉后来专门指婚礼，通常包括伴随的庆祝活动。与之有关的词语有吉席、吉期、吉帖（婚帖、庚帖）、吉日（结婚的日期）、吉时（吉利的时辰）、吉庆（婚礼等吉祥喜庆之事）等。

古代器物上多铭刻吉羊二字。羊，古"祥"字。只要有重大活动，先民们总是占卜最好的日期，以盼望最好的结果。在婚丧、重大活动、出行、奠基等方面，一些人不但要选择好日子，还要选择好时辰，所以，就有了"黄道吉日"的说法。传统历法将人的行为与自然的运行以及人与自然的关系融合在一起，按照天干地支的排列组合与循环，将哪一天该干什么、不该干什么都记下来，供人们参考，形成了皇历，又称老皇历。有些日子属于黑道，诸事不利；有些日子属于黄道，诸事皆宜。

民间还讲究"吉人天相"。吉人指善良、有才德的人，好人。人们认为，行善之人自有老天护佑。此语多作排解安慰之用。

人们年节时最喜欢的图案就是"吉庆有余"：一儿童执戟，上挂有鱼，另手携玉磬。"戟磬"谐音"吉庆"，"鱼"与"余"同音；"戟""磬""鱼"隐喻"吉庆有余"。这代表了民众追求的一种富足生活。

在年节时，人们还要在庭院里张贴"吉星高照"四字，以希望平时事情顺利。吉星指福、禄、寿三星，吉星照临，万事顺利。也用来象征给大家带来吉祥的人或事物。

还有大量的词语都表达了人们的这种祈吉心理，如万事大吉、百事大吉、吉祥如意、大吉大利等。

民间还习惯将一些植物作为吉祥的代表，在庭院中种植，在书画中描摹。梅、兰、竹、菊、莲、石榴、牡丹、桃子、佛手、葫芦、金瓜、松柏、莲花等都是表达吉祥含义的重要物事。

人们也选取了很多动物，作为吉祥的象征，如龙、凤、狮、虎、麒麟、鸳鸯、鹤、鸡、马、蝴蝶、蝙蝠等。

第三章 企盼的文字

雄鸡图（齐白石　作）

连生贵子（张廷兴　摄）

人们将这些吉祥物事绘制成各种吉祥图案,采取谐音、象征、隐喻、假借等含蓄的手法,赋予其特殊的吉祥含义。如吉祥(鸡、象)如意、马上封猴(侯)、福(蝙蝠)自天来、连生贵子(莲叶童子)、麒麟送子、龙凤呈祥等,都用谐音表达吉祥。

(二)祥

祥,形声。从示,羊声。本义为凶吉的预兆,预先显露出来的迹象,特指吉兆。如《周易·系辞下》:"吉事有祥。"《说文解字》:"祥,福也。"本字是"羊",可见羊为吉祥。

在传统文化中,祥瑞是吉利的征兆。祥瑞又称"符瑞",被儒学认为是表达天意的、对人有益的自然现象,如出现彩云、风调雨顺、禾生双穗、地出甘泉、奇禽异兽出现等。

古代祥瑞种类繁多,大体分为五种,为五个等级。古称"麟凤五灵,王者之嘉瑞也",此乃最高等级的瑞兆。以下分别为大瑞、上瑞、中瑞、下瑞。《新唐书·百官志一》载:"礼部郎中员外郎掌……祥瑞……凡景云、庆云为大瑞,其名物六十有四;白狼、赤兔为上瑞,其名物三十有八;苍乌、朱雁为中瑞,其名物三十有二;嘉禾、芝草、木连理为下瑞,其名物十四。"后来品种又不断增加,凡铜鼎、铜钟、玉磬、玉璧等礼器也都被列为瑞物。

古代还以子孝孙贤为祥瑞,叫"麟趾呈祥"。麟趾呈祥出自《诗经·周南·关雎序》:"然则关雎麟趾之化,王者之风,故系之周公。"麟趾呈祥比喻子孙昌盛,祝贺生育后代。麟趾,麟足,用以比喻子孙众多和贤能。

人们还常常以"龙凤呈祥"指吉庆之事。《孔丛子·记问》曰:"天子布德,将致太平,则麟凤龟龙先为之祥。"京剧和很多地方剧种也将《龙凤呈祥》当作喜庆、寿诞等场合的祝贺戏剧。

(三)如与幸

1. 如

如,从女从口,遵从、依照的意思,后来引申为接待的意思。

如作为吉祥字，主要用其本意，常用词有如意、如志、如愿、如心、九如、万事如意、称心如意、如愿以偿等。

在传统文化中，"如意"是一个重要事象。如意长20—50厘米，前端多作芝形、云形，后端为把手样式，配以盘长结、铜钱结、蝴蝶结、喜结、寿结等，并雕刻以各种吉祥纹路，甚至镶嵌名贵的玉石、宝石、金银。

如意的材质一般都比较贵重，多用金银、和田玉、红宝石、蓝宝石、祖母绿、碧玺、珍珠、奇南如意、黄鹤顶红、红鹤顶如意、金、银、铜、铁、象牙、松石、珍贵红木、沉香木等制作。

《天皇至道太清玉册·修真器用章》载："如意黄帝所制，战蚩尤之兵器也。后世改为骨朵，天真执之，以辟众魔。"可见如意有战胜邪恶、强暴的吉祥含义。

北宋释道诚《释氏要览》载："如意，梵名阿那律，秦言如意。《指归》云：'古之爪杖也。'或骨、角、竹、木，刻作人手指爪。柄可长三尺许，或脊有痒，手所不到，用以搔抓，如人之意，故曰'如意'。"这里的如意为一种自我挠痒的器具。

唐段成式《酉阳杂俎》卷十一载："胡综博物，孙权时有掘得铜匣，长二尺七寸，以琉璃为盖。又一白玉如意，所执处皆刻龙虎及蝉形，莫能识其由。使人问综，综曰：'昔秦皇以金陵有天子气，平诸山阜，处处辄埋宝物以当王气，此盖是乎？'"这里的如意就是宝物。

也有人说，如意是由古代官员的"笏板"演变而来的。过去的官员为了朝见、议事记录方便，都腰插或者手握笏板。于是，如意就成了富贵荣华和权力的象征。

现在，如意失去了把玩的功能，一般当作摆件，摆在客厅、书房的显要位置，烘托室内的吉祥气氛。

在中华文化的历史长河中，如意与其他物事构成了大量的吉祥图案，如年年如意、万事如意、吉祥如意、平安如意、四艺如意、必定如意、四合如意等，从古到今被广泛应用于绘画、建筑、家具、服饰、

玉器、瓷器、竹木牙雕中，形成了特有的中华民族文化风格。

2. 幸

《说文解字》曰："幸，吉而免凶也。"指意外获得成功或免去灾难。

"幸"组成的吉祥词语有：幸运、庆幸、得幸、幸福、幸生、幸民、幸亏、幸昵、幸存、幸好、幸甚、幸事、幸喜、幸运儿、荣幸等。

五、喜庆的文字

（一）喜

喜，甲骨文字形上面是鼓本字，下面是口。鼓表示欢乐，口是发出欢声，本义是快乐、高兴。《说文解字》曰："喜，乐也。"《诗·小雅·菁菁》云："既见君子，我心则喜。"喜主要指可以值得庆贺的事情。

在中国传统文化中，"福禄寿喜"是四大吉祥主题，"喜"具有丰富的吉祥含义。

1. 生育

喜在很多地方有特定的含义，如妇女怀孕，俗以有孕为喜，也叫怀喜、遇喜、坐喜、有喜。

害喜：妇女怀孕，特指孕妇恶心、呕吐、食欲异常的现象，有的地方叫"害口"。

喜信：代指怀孕。娘家人以婚后女儿怀孕为最好的消息。

喜脉：妇女怀孕的脉象。这是中医使用的一个词语。怀孕之后，女子的脉象滑动。

诞喜：生孩子，是报喜、贺喜的书面语，一般用于喜帖。

喜蛋：庆贺生育的煮熟的鸡蛋，生孩子后送给亲友吃，以报喜、庆贺，因其外壳被染成红色，以示喜庆，故也叫红蛋。

梦熊之喜：祝贺人家生男孩的吉利话。梦熊，指生男孩。

弄瓦之喜：古人把瓦给女孩玩，希望她将来能胜任女工。旧时常用以祝贺人家生女孩。

弄璋之喜：古人把璋给男孩玩，希望他将来有玉一样的品德。旧时常用以祝贺人家生男孩。

2. 婚事

喜事：结婚。

喜宴：结婚宴席。

喜车：结婚时迎亲用的车辆。

喜轿：旧时结婚时新娘坐的花轿。花轿只允许头婚的女子坐，故有"大姑娘坐轿——头一回"的歇后语。二婚的女人在过去受歧视，不能坐花轿进门。

喜酒：结婚时招待宾客的酒或酒席。

喜房：即新婚之夜新人住的房间，也叫洞房；或指家中临时用作产房的房间。

喜果、喜果儿：在订婚或结婚时送给亲友或招待宾客的干果。如花生、红枣儿之类，都是隐含着生育等吉祥含义的干果。如枣、栗子谐音"早立子"。

喜联：在办婚礼时贴的对联。喜联一般表现喜庆氛围、祝贺或歌颂爱情等，具有鲜明的时代特色。

喜娘：旧式婚礼时娘家人派出的陪伴照料新娘的妇女，一般要照料新娘一段时间，让新娘了解、熟悉夫妻生活和家庭关系。

喜期：婚嫁的日期。

喜糖：结婚时买来用于招待宾客或分送亲友的糖果。一般用喜袋、喜盒装好，等到宴席开始或者结束的时候，发给亲友们。

喜堂：用于举行婚礼的厅堂。现在一般在酒店里结婚，多由婚庆公司布置。

喜帖：举行婚礼之前发出的请帖。这种帖子一般发给亲友、同事、同学，接到喜帖的人一般要参加婚礼，并且缴纳一定的贺喜钱即"红包"。

随喜：本为佛教语，是见到他人行善而生欢喜之意。民间的意思为参加婚嫁宴席时给的份子钱。

冲喜：旧时的迷信风俗。在人病重时，用办理喜事来驱除所谓的邪祟，想借此化凶为吉。例如父母病重，可以让儿女提前结婚；或者有婚约的其中一方病重，让其兄弟姐妹代替她或他和另一方结婚。明代冯梦龙曾写过一篇小说《乔太守乱点鸳鸯谱》，就叙说了这种风俗，冲喜的一方偷鸡不着蚀把米，成为笑谈。

赶喜：指乞丐到举办婚礼的家庭里讨要吃的喝的。他们一般都是成群结队去讨喜，先放鞭炮、唱喜歌、说喜庆的话，然后挑头的找到办喜事的主管，讨要喜酒、喜烟、喜钱。

喜歌：到办喜事的人家去唱的歌谣，特指乞讨者到举办婚礼的家庭里讨要时所唱的歌。旧时在婚礼过程中，要为新婚夫妇唱很多祝颂的歌曲、说成套的话语，包括铺床歌、叠被歌、过门歌、跨火盆歌、撒帐歌等。

红鸾天喜：传说天上有红鸾星，主管人间的婚姻喜事。现在主要比喻婚姻喜事。

龙凤喜烛：旧时结婚用的蜡烛。

老来有喜：老年有喜事。

欢喜冤家：表示又爱又恨的意思。小说戏曲中多用作对情人或儿女的亲热称呼。现在也用来指代那些经常吵架又互相离不开的夫妻。

3. 好的征兆

喜兆：指有喜事到来的征兆。

喜鹊：鸦科鹊属，长着长而分叉的尾巴，体羽通常为黑色和灰色，叫"灰喜鹊""黑喜鹊"，经常在村庄附近的树枝头噪叫。旧时民间传说鹊能报喜，故称喜鹊；逐渐形成了"喜鹊

喜从天降

登枝""喜上眉梢"等吉祥图案。人们认为晨起闻雀噪是当天有喜庆之兆,故叫雀喜、鹊喜。

喜蛛:蜘蛛的一种,体细长,色暗褐,脚很长。古时以其出现为喜兆,并逐渐形成了"喜从天降""欢天喜地"的吉祥图案。

腰欢喜:谓妇女裙带忽然脱落。民间以为这也是有喜事的征兆。

4. 喜庆的事情

喜事:指值得庆贺的事。过去以"久旱逢甘雨,他乡遇故知,洞房花烛夜,金榜挂名时"为四大喜事。现在一般庆贺的喜事有结婚、生育、考上大学、乔迁、升迁等。

喜信:古时,新进士每及第,以泥金书帖附于家书中,至乡曲,亲戚例以声乐相庆,谓之喜信。女子婚后怀孕,也称喜信。现在指好消息。

大喜:为祝贺别人喜事之词。一般指的是结婚。

同喜:共同欢欣,是对贺喜的人回应的一句礼节语。

志喜:表示喜悦。一般作为婚书、贺词使用。

贺喜、道喜:对吉庆之事表示祝贺,一般贺喜要亲自去,并且随上喜礼;道喜可以当面,也可以通过书信、电话。

喜报:书面报喜的帖子。

喜从天降:形容遇到意想不到的喜事,为此感到十分高兴。作为吉祥图案,一般是画一只喜蛛从上面的蛛网降下来。

喜封:也叫喜钱,喜庆人家给别人的赏封,相当于现在的红包,用红纸包着一定的赏钱。

喜庆:可喜可贺的事情,如喜庆丰收、喜庆"七一"。

喜雨:庄稼非常需要雨水时下的雨,谓久旱后得雨而喜悦。

恭喜:应酬语,表示问候或祝贺。

国喜:旧指皇子诞生等皇家喜事。

喜幛:一种贺人喜庆的礼品。多用整幅绸缎制成,上粘贴或绣制祝颂之辞,一般用在贺寿场合。

道新喜：特指在农历正月初一往亲友家祝贺新年。

闻喜宴：唐朝进士放榜，醵钱宴乐于曲江亭子，称曲江宴，亦称闻喜宴。

喜花：也叫"礼花"，是日常生活中最能表达气氛的一种剪纸。在农村，娶亲嫁女是最热闹的事，一般贴喜字剪花，表达人们对生活、对爱情的美好祝愿。"喜"字上可以配置各种各样的吉祥纹样，表达莲（连）生贵子、麒麟送子、夫妻恩爱等丰富的吉祥喜庆含义，如龙、凤、枣、鸳鸯、莲花、花生、石榴、葫芦等。其中主要有龙凤、鸳鸯等形象，表达特定的祝福含义。

精美的"囍"字剪纸

见喜：含义有多种。一指春联中的"出门见喜"，表达能遇到喜事的愿望；二特指天花、患痘疹。旧俗孩子出痘时，常因惧得天花而讳言之，又以痘既发出便可平安，故用"喜"字代指，以求吉利。

双喜临门：指两件喜事一齐到来。现在人们结婚时，喜欢用红纸剪几对"囍"字，以营造喜庆、吉祥的气氛。

乔迁之喜：为贺人迁居或官职升迁之辞。乔迁，指鸟儿飞到高大的树木上去。乔，指高大的树木。

莺迁之喜：黄鹂从不好的地方迁到好的地方。比喻地位由低到高。

5. 高兴，喜悦

欢天喜地：形容非常高兴。民间图案为一只獾仰望着一只天上飞翔的喜鹊。

喜上眉梢：喜悦的心情从眉眼上表现出来。民间图案为两只喜鹊在梅花的枝头站立。

喜逐颜开：遇到高兴事而满面笑容。

皆大欢喜：人人都很高兴。

大喜过望：结果比原来希望的结果更好，感到特别高兴。

（二）庆

庆（慶），会意字。甲骨文字形左边是个文字，中间有个心，表示心意诚恳，右边是一张鹿皮，加起来表示带着鹿皮去真诚地祝贺人。小篆字形上面是鹿字省略一部分，中间是心字表心意，下边是夊，表示去、往。《说文解字》曰："庆，行贺人也……吉礼以鹿皮为贽，故从鹿省。"福庆、吉庆、寿庆、校庆、国庆、余庆、庆典中的"庆"都是这个含义。

因为庆贺是件高兴的事情，所以又表示幸福吉祥，如庆色（喜色）、庆会（喜庆宴会）、庆门（福庆之家）、庆霄（吉祥的云气）、庆灵（景云与灵芝）、庆绪（福善的事业）、庆延（福泽绵延）、庆祉（福泽）、庆室（吉宅）、庆幸（为事情意外地获得好的结局而感到高兴或喜悦）。

庆云：指五色云，古人以为祥瑞之气，如祥凤庆云、河清云庆等。古人以"庆云"为太平祥瑞的象征。山东省庆云县就是以此为名的。

弹冠相庆："弹冠"指掸去帽子上的灰尘，准备去做官。旧时官场中一人当了官或升了官，同伙就互相庆贺。史书载，王吉（字子阳）与贡禹为友，世称"王阳在位，贡禹弹冠"。宋代苏洵《管仲论》有"一日无仲，则三子者，可以弹冠而相庆矣"之语。

积善余庆：《周易·坤》曰："积善之家，必有余庆；积不善之家，必有余殃。"积指积累，善指善事，余庆指先代的遗泽。此句意思是说，积德行善之家，恩泽及于子孙。

普天同庆：天下的人或全国的人共同庆祝。原指遇到皇子出生或皇帝、太皇太后生辰，全国同贺。南朝宋刘义庆《世说新语》卷下："元帝皇子生，普赐群臣。殷洪乔谢曰：'皇子诞育，普天同庆，臣无勋焉，而猥颁厚赍。'"

民间经常用石磬谐音"庆"，双庆就是两个石磬。

（三）乐

乐，指喜悦、愉快。如快乐（感到幸福或满意）、乐嘻嘻（喜悦貌）、乐悦（欢喜）、乐笑（欢笑）、乐哈哈（形容喜笑的样子）、怡然自乐、熙熙而乐、乐乐陶陶、乐不可支、其乐无穷、乐事（得意事、使人高兴或满意的事）、乐土（安乐的地方）、乐园（快乐的地方）、乐子（乐事，逗乐的事）、其乐融融（形容快乐融洽）等。

"乐"字也表示为某种做法感到快乐。如乐善好施（谓乐于行善，喜好施舍）、乐天知命（乐于顺应天命）、安居乐业（无忧无虑的生活）、乐观（精神愉快，对事物的发展充满信心）等。

在传统文化中，"乐"字还构成了其他许多说法。如：

安乐窝：宋朝邵雍《无名公传》把所寝之室谓之安乐窝，不求过美，唯求冬暖夏凉。现泛指安静舒适的住处。

安贫乐道：《后汉书·韦彪传》载杨彪"安贫乐道，恬于进趣，三辅诸儒莫不慕仰之"。安于贫穷，以坚持自己的信念为乐，是旧时士大夫主张的为人处世之道。

及时行乐：汉乐府《西门行》诗云："夫为乐，为乐当及时。"《古诗十九首·生年不满百》："为乐当及时，何能待来兹。"人要活在当下，放松自我。

极乐世界：佛教指阿弥陀佛居住的地方，泛指幸福安乐的地方。

乐不思蜀：《三国志·蜀书·后主传》裴松之注引《汉晋春秋》："王问禅曰：'颇思蜀否？'禅曰：'此间乐，不思蜀。'"比喻在新环境中得到乐趣，不想回到原来的环境中去。人们常用这个成语形容不思进取。

乐此不疲：语出《后汉书·光武帝纪》："我自乐此，不为疲也。"因酷爱干某事而不感觉厌烦。形容特别爱好做某事而沉浸其中。

乐而不淫：语出《论语·八佾》："《关雎》乐而不淫，哀而不伤。"快乐而不过分，指表现的情感有节制。这是传统中庸之道的一个要求，也是一个境界。

乐极生悲：语出《史记·滑稽列传》："酒极则乱，乐极则悲，万事尽然，言不可极，极之而衰。"《淮南子·道应训》："夫物盛而衰，乐极则悲。"高兴得过了头，就会发生使人悲伤的事。这个成语表现了中国古代朴素的辩证观念和深沉的忧患意识。

于飞之乐：比喻夫妻间亲密和谐。

知足常乐：语出《老子》："祸莫大于不知足，咎莫大于欲得，故知足之足常足矣。"知道满足，就总是快乐。形容安于已经得到的利益、地位。这个成语含有深刻的人生哲理。

与民同乐：指君王施行仁政，与百姓休戚与共、同享欢乐。这是儒家文化礼治国家的基本要求。《孟子·梁惠王下》："今王田猎于此，百姓闻王车马之音，见羽旄之美，举欣欣然有喜色而相告曰：'吾王庶几无疾病与，何以能田猎也？'此无他，与民同乐也。"

助人为乐：指帮助人就是快乐的。助人为乐、舍己为人、见义勇为、乐善好施等都是崇高的品德，都是社会道德的重要组成部分。

第四章　美好的文字

美好就是好的意思。它是一种幸福指数,也是每个人心中的感受,是吉祥文化的一个重要范畴。在传统文化中,民众对哪些物事感到美好吉祥呢?首先是青春的,青春年少是人生最美好的时光;其次是良辰美景,它是民众生存生活的美好环境;再次是品德美好。而最重要的便是人品德的美好。美好的品德可以展现一个人最美丽的心灵,是一个人最重要的行为展现,对于个人、家庭、社会、国家来说,这是最吉祥的。

一、青春美好的文字

(一) 春

春,为会意字,甲骨文字形从草(木),中间是屯字,似草木破土而出。《说文解字》释曰"从艸,从日,艸春时生也",表示春季万木生长,也兼作声符。

人们之所以喜欢春季主要因为它是一个生长的季节。《尔雅·释天》曰:"春为青阳……春为发生。"《春秋繁露》:"春者,天之和也。"又:"春,喜气也,故生。"

春风:指春天的风,比喻和悦的神色或良好的成长环境。如春风得意(原指考取进士,现在形容心情欢畅)、春风化雨(比喻良好完善的教育使人潜移默化)、春风满面(喜气表现于面部)等。

春光:指春天的风光。如春光明媚、春和景明、春暖花开、春色满园、春意盎然等都是描绘春天美景和表现快乐心情的美词。

春为岁之始,一年中的第一季。我国习惯以立春到立夏的三个月时间为春,也以农历正、二、三月为春。在农耕社会,春天特别重要,人们在春天要耕地、播种。春事(为春季农耕之事)多,有春忙(春季农耕忙碌时)之说,并且还要举行春社(元宵节前后举行猜灯谜活动的一种游戏组织)等。

春天是生长的季节,故春又代指草木生长、百花开放,如春眼(形容柳叶初生之芽)、春梢(春条的末梢)、春丛(春日丛生的花木)等。

春也比喻人生中最美好的青春时光,如春年(青春年华)、春秋(年纪)、春华秋实(有奋斗就会有收获)、春花秋月(人间最美好的时光和景色)、春秋鼎盛(比喻人到壮年,正值一生最旺盛的时期)、春宵一刻(指欢乐时光可贵,一刻不可贻误)等。

春日洋洋又比喻温暖的母爱,如春晖(春光,春阳,比喻母爱)。孟郊《游子吟》:"慈母手中线,游子身上衣。临行密密缝,意恐迟迟归。谁言寸草心,报得三春晖。"

在我国,春节是最盛大的节日,立春则是农耕的开始,因此,流传下来许多与"春"相关的习俗。

春联:春节贴的对联。民间讲究有神必贴,每门必贴,每物必贴,所以春节的对联数量最多、内容最全。神灵前的对联特别讲究,多为敬仰和祈福之言。常见的有天地神联:"天恩深似海,地德重如山";土地神联:"土中生白玉,地内出黄金";财神联:"天上财源主,人间福禄神";井神联:"井能通四海,家可达三江"。粮仓、畜圈等处的春联则都表示热烈的庆贺与希望,如"五谷丰登,六畜兴旺""米面如山厚,油盐似海深""牛似南山虎,马如北海龙""大羊年年盛,小羔月月增",等等。另外还有一些单联,如每个室内都贴"抬头见喜",大门对面贴"出门见喜",院内贴"满院生金",树上贴"根深叶茂",石磨上贴"白虎大吉",等等。王安石《元日》写的就是宋代的贴对联风俗:"爆竹声中一岁除,春风送暖入屠苏。千门万户曈曈日,总把新桃换旧符。"

春酒:春季饮用的酒。民间春节时宴请亲友叫吃春酒。冻醪即春

第四章 美好的文字

酒，是寒冬酿造、以备春天饮用的酒。据《诗·豳风·七月》记载："十月获稻，为此春酒，以介眉寿。"浙江永嘉有一种八宝酒也是春酒，在正月用黑枣、荔枝、桂圆、杏仁、陈皮、枸杞子、薏仁米、橄榄酿造，要酿一个月，打开以后，酒香加药香，香气袭人。

春卷、春饼：都是应节食品，用薄面皮裹馅卷成细长形，放在油里炸熟。原来是由古代立春之日食用春盘的习俗演变而成的。春盘始于晋代，初名五辛盘。五辛盘中盛有五种荤辛的蔬菜，如小蒜、大蒜、韭、胡荽（说法不一）等，是供人们在春日食用后发五脏之气用的。

春雷：春天打的雷。俗话说："春雷响，万物长。"春雷一响，惊动万物。春雷带来春雨是丰收的象征，"春雨贵如油""立春三场雨，遍地都是米"说的都是春雨的宝贵。

迎春：于立春日进行的一项重要活动。在周代，立春时天子亲率三公九卿诸侯大夫去东郊迎春，祈求丰收，回来之后，要赏赐群臣，布德和令以施惠兆民。古时的迎春活动开始时在东郊，因为迎春活动中祭拜的句芒神是东方之神。在宋代，立春日，宰臣以下，入朝称贺，称为贺节。

拜春：清代贺春习俗，立春日为春朝，士庶交相庆贺。

春牛：旧时立春打春仪式上所用的土牛。立春为中国二十四节气之首，每到这个时候，民间就有鞭春等迎春习俗。据记载，鞭春之礼从周朝就兴起了。鞭牛是为了提醒耕牛，春天来了，该开始干活了，不能再偷懒了。人们制作春牛时很有讲究，春牛的牛身长三尺六寸五，象征一年365天；牛尾长一尺二寸，象征一年12个月；四蹄象征四季；柳条象征春天；同时柳条鞭子长二尺四寸，代表二十四节气。迎春牛是我国民间立春日的迎春活动，表示旧的一年已过去，新的一即将来临，新的农事也将开始，迎春牛还寄寓着人们期望风调雨顺、五谷丰登的愿望。广西各地春节有"舞春牛"的活动。牛身用竹片编织而成，用黑布或灰布做套，用绵纸做头和角。两人一头一尾钻入布套中，边唱边舞。一人头包毛巾，手扶犁架跟在后面，做犁田状。其他人或提灯笼，或敲锣鼓，或领唱春牛歌。每到一村，先在土地庙前表演，叫作"老虎入村投土地"，然后挨家挨户预祝人寿年丰。

打春：即鞭打泥塑的春牛。立春这天，先由官吏象征性地鞭打土牛三下，以示劝农之意，再由衙役等人把土牛打碎，人们则争抢打碎的春牛土，叫"抢春"，以抢得牛头为吉。山东临沂、聊城等地有取春牛土涂灶和蚕室的风俗，据《齐民要术》载，这样可以避蚕室鼠害，后用以避虫蚁；有些地方还有春杖，用以扫蚕。鲁西南地区民间也有扎纸春牛鞭春的，纸牛腹内装有红枣、栗子、核桃、花生等干果和面食点心，孩子们则哄抢取乐。

送春：旧时的风俗，在立春这天，县衙制小春牛遍送缙绅家，并鸣鼓乐。

咬春：立春这天，用带辣味的蔬菜作"春"的象征。咬春，就是吃生萝卜，以脆嫩的青萝卜为上，最好是绿皮红心的"心里美"，意为春天没劲，浑身困乏，咬一口"春"，便可以消除春困。

尝春：指吃春饼，品春盘。春饼也叫葱花饼、葱油饼，烙制薄饼时加油和葱花。春盘是用辛辣物如葱、蒜、椒、姜、芥等组成的。现在，有些地方仍有立春擀葱花油饼的风俗，其余地方一般吃水饺、面条，谓之"迎春饺子打春面"。

验春：在鲁西南地区，立春日流行一种以鹅毛或鸡毛试验"春来"的有趣活动。立春这一天，人们扎纸牛，肚内放些面食、点心，将一节竹筒埋入"牛"前腿地下，在露出地面的竹筒一端放入一根鸡毛或鹅毛，"春"来时，鹅毛或毛便会被上升的地气冲动，飘起来。"春来鹅毛起"之际，打春牛活动开始。

戴"春公鸡""春咕咕""春娃娃"是指在节日时给孩子戴上这些饰物，以求孩子顺利成长的风俗。春公鸡钉在孩子的右衣袖上，以鸡谐音"吉"，象征孩子吉祥如意。

躲春：在山东郓城等地，旧时忌讳儿童在家过立春这个节气，不满十岁者要到邻家度过立春时刻，叫躲春。

春游：春天到郊外游玩，又称踏青。唐朝文德皇后曾写过一首《春游曲》："上苑桃花朝日明，兰闺艳妾动春情。井上新桃偷面色，檐边嫩柳学身轻。花中来去看舞蝶，树上长短听啼莺。林下何须远借问，出众风流旧有名。"可见春游惬意，春色宜人，春光明媚，赏心悦目，心旷神怡。

（二）青

青，会意字，从生从丹。金文字形上面是个"生"字，下面是"丹"字。本义蓝色，《说文解字》曰："青，东方色也。"《周礼》："正东曰青州。"也用来描写茂盛的样子，比喻年少，如青娥（少女）、青年。

人们还用青云万里比喻前程远大，用青云直上比喻人仕途顺遂、升迁很快，即官运亨通，迅速升到高位。

青云干吕：庆云翔集，应乎六吕也是一种吉祥的征兆。

（三）华

华，本义花，如春华秋实。又指光彩美丽，如华美之服、华堂、华衣乘马、华彩、华服、华筵、物华天宝、繁华、华年、华贵、华丽、华屋、华章。也用作敬辞、美词，如华诞。

二、美好景色的文字

描写美好景色的文字体现了民众与自然和谐相处的审美观念，体现了民众热爱家园、珍爱生活的情怀。

万紫千红：形容百花齐放，颜色艳丽；也形容事物丰富多彩或事业繁荣兴旺。

国色天香：原形容颜色和香气不同于一般花卉的牡丹。牡丹是中国传统名花，端丽妩媚，雍容华贵，兼有色、香、韵三者之美，让人倾倒。据说，唐文宗李昂在程修己的陪同下到御花园赏牡丹花，问程修己都城传唱的牡丹诗。程修己回答说是中书舍人李正封的诗："天香夜染衣，国色朝酣酒。"文宗赞叹不已。后也形容女子的美丽。

花团锦簇：形容五彩缤纷，十分华丽的景象；也形容文章辞藻华丽。锦指有纹彩的丝织品。

草长莺飞：形容江南暮春的景色，出自南朝丘迟《与陈伯之书》："暮春三月，江南草长，杂花生树，群莺乱飞。"清代高鼎《村居》诗："草长莺飞二月天，拂堤杨柳醉春烟。儿童散学归来早，忙趁东风放纸鸢。"

莺歌燕舞：形容春天鸟儿喧闹活跃的景象。

鸟语花香：鸟叫得好听，花开得喷香，形容春天的美好景象。

郁郁葱葱：形容草木苍翠茂盛。

美轮美奂：形容房屋高大华丽。出自《礼记·檀弓下》："晋献文子成室，晋大夫发焉。张老曰：'美哉轮焉，美哉奂焉。歌于斯，哭于斯，聚国族于斯！'"

琼楼玉宇：指月中宫殿，仙界楼台；也形容富丽堂皇的建筑物。

金碧辉煌：形容建筑物装饰华丽，光彩夺目。

春暖花开：春天气候温暖，百花盛开，景色优美。比喻游览、观赏的大好时机。

满园春色：整个园子里一片春天的景色，比喻欣欣向荣的景象。

花朝月夕：有鲜花的早晨，有明月的夜晚。指美好的时光和景物。旧时也特指农历二月十五和八月十五。

良辰美景：指美好的时光和景物。

山明水秀：山光明媚，水色秀丽，形容风景优美。

云蒸霞蔚：指像云霞升腾聚集起来，形容景物灿烂绚丽。

美不胜收：指美好的东西很多，一时看不过来。

万家灯火：家家点上了灯，指天黑上灯的时候；也形容城市夜晚的景象。

火树银花：形容张灯结彩或大放焰火的灿烂夜景。出自唐代苏味道《正月十五夜》诗："火树银花合，星桥铁锁开。"

粉妆玉琢：白粉装饰的，白玉雕成的。形容女子妆饰漂亮或小孩长得白净，也用来形容雪景。

红装素裹：指衣着淡雅的妇女，也形容雪后天晴，红日和白雪相映衬的景色。

无边风月：原用来形容北宋哲学家周敦颐死后影响深广，后形容无限的美好风景。出自南宋朱熹《六先生画像·濂溪先生》："风月无边，庭草交翠。"

仙山琼阁：传说中神仙居住的地方，现在也比喻虚无缥缈的美妙幻境。仙山指蓬莱、方丈、瀛洲三神山。琼阁指精美的楼阁。

世外桃源：出自东晋陶渊明《桃花源记》，指与世隔绝、没有遭到祸乱的美好地方。其中的居民男耕女织，大人小孩均参与劳动，没有赋税和徭役，人们淳朴亲切，到处是一片安乐祥和的气氛。后指环境幽静、生活安逸的地方，借指一种空想的、脱离现实的美好世界。

洞天福地：出自唐代杜光庭《洞天福地记》："列出十大洞天、三十六小洞天、七十二福地的名称。"原为道家语，指神道居住的名山胜地，后多比喻风景优美的地方。

赏心悦目：看到美好的景色而心情愉快。

心旷神怡：指心胸开阔，精神愉快。出自北宋范仲淹《岳阳楼记》："登斯楼也，则有心旷神怡，宠辱皆忘，把酒临风，其喜洋洋者矣。"

山清水秀：形容山水风景优美。出自北宋黄庭坚《蓦山溪·赠衡阳陈湘》："眉黛敛秋波，尽湖南，山明水秀。"

湖光山色：指有水有山，风景秀丽。语出南宋吴自牧《梦粱录·历代人物》："杭城湖光山色之秀，钟为人物，所以清奇杰特，为天下冠。"

水天一色：出自唐代王勃《滕王阁序》："落霞与孤鹜齐飞，秋水共长天一色。"水光与天色相浑，形容水天相接的辽阔景象。

水木清华：指园林景色清朗秀丽。原语出自东晋谢混《游西池》诗："惠风荡繁囿，白云屯曾阿，景昃鸣禽集，水木湛清华。"

百卉千葩：比喻事物丰富多彩，景象繁荣兴盛。

人间天堂：指人世间极美好的地方，也特指杭州。杭州西湖水光潋滟，山色空蒙，风光千姿百态，四季景色各异，三秋桂子，十里荷花，烟柳画桥，风帘翠幕，故被称为人间天堂。

明月清风：只与清风、明月为伴。比喻不随便结交朋友，也比喻清闲无事。语出《南史·谢惠传》："入吾室者，但有清风，对吾饮者，唯当明月。"

桂子飘香：中秋前后桂花开放，散发馨香。

春光明媚：形容春天的景色十分鲜明美好。

春意盎然：形容春天的气氛很浓。

惠风和畅：柔和的风，使人感到温暖、舒适。出自东晋王羲之《兰亭集序》："是日也，天朗气清，惠风和畅。"

花红柳绿：形容明媚的春天景象，也形容颜色鲜艳纷繁。

春风雨露：像春天的和风、雨滴、露水那样滋润着万物的生长。旧常用以比喻恩泽。

绿树成荫：树木枝叶茂密，遮住了阳光。

金风送爽：秋风带来了凉意。

金风玉露：指秋天的景物。语出北宋秦观《鹊桥仙》："纤云弄巧，飞星传恨，银汉迢迢暗度，金风玉露一相逢，便胜却人间无数。柔情似水，佳期如梦，忍顾鹊桥归路，两情若是久长时，又岂在朝朝暮暮。"用来描绘七夕牛郎织女相会的情景。

秋月春风：秋天的月亮，春天的花朵。比喻良辰美景，美好岁月。

春花秋月：春天的花朵，秋天的月亮。泛指春秋美景。

秋高气爽：形容秋季天空明净，气候凉爽宜人。

春华秋实：春天开花，秋天结果。比喻人的文采和德行，也比喻学习有成果。

第四章 美好的文字

三、优秀品德的文字

（一）优秀的文字

1. 好

好，会意字，从女从子，本义美、貌美。《说文解字》曰："好，美也。"《方言》："凡美色或谓之好。"《乐府诗集·陌上桑》描绘了一位"好女"：

> 日出东南隅，照我秦氏楼。秦氏有好女，自名为罗敷。罗敷喜蚕桑，采桑城南隅。青丝为笼系，桂枝为笼钩。头上倭堕髻，耳中明月珠。湘绮为下裙，紫绮为上襦。行者见罗敷，下担捋髭须。少年见罗敷，脱帽著帩头。耕者忘其犁，锄者忘其锄。来归相怒怨，但坐观罗敷。使君从南来，五马立踟蹰。使君遣吏往，问是谁家姝？秦氏有好女，自名为罗敷。罗敷年几何？二十尚不足，十五颇有余。使君谢罗敷："宁可共载不？"罗敷前置辞："使君一何愚！使君自有妇，罗敷自有夫。"东方千余骑，夫婿居上头。何用识夫婿？白马从骊驹。青丝系马尾，黄金络马头。腰中鹿卢剑，可值千万余。十五府小史，二十朝大夫，三十侍中郎，四十专城居。为人洁白晰，鬑鬑颇有须。盈盈公府步，冉冉府中趋。坐中数千人，皆言夫婿殊。

"好"形容善、优良、良好，如好风景、好雨、好天良夜、好头脑、好处、好感、好过、好汉、好话、好景、好看、好梦、好评、好气、好人、好事、好手、好戏、好心、好样儿、好言好语、好意、好运等。

形容优点多的，使人满意的，如好妇。

因其字义吉祥，还经常用于婚姻嫁娶，如：

百岁之好：指男女结为夫妻。

百年好合：夫妻永远和好。为新婚祝福语。

百年好事：指婚姻喜事。

2. 聪

聪，《说文解字》曰"察也"；《尚书·洪范》以为"听曰聪"，即听力好。如聪耳、聪察、聪听、聪明、聪哲、聪智、聪慧、聪敏、聪颖、聪睿等。

3. 佳

佳，美、美好，古人解释为善、大、好、丽。如佳士（品学兼优的人）、佳夕（良夜）、佳器（美好的器物）、佳口（美婢）、佳侠（佳丽、美女）、佳色（妍丽的颜色、美丽的色彩）、佳冶（娇美妖冶）、佳话（美谈，传诵一时的美事）、佳节（美好的节日）、佳境（美好的境界）、佳句（诗文中精辟的语句）、佳丽（佳人，美貌的女子）、佳酿（美酒）、佳品（上好的物品）、佳器（良材，有用的人才）、佳肴（精美的饭菜）、佳音（好的消息）、佳作（出众的作品）。

佳也表示吉祥。如佳谶（吉利的预言）、佳语（吉祥的话、好话）、佳气（美好的云气，古代以为是吉祥、兴隆的象征）。

佳期：婚期或男女约会的日期。

才子佳人：泛指有才貌的男女。

乘龙佳婿：旧时指才貌双全的女婿，也誉称别人的女婿。乘龙指女子乘坐于龙上得道成仙。佳婿，称满意的女婿。

传为佳话：传扬开去，成为人们赞美、称颂的事情。

二八佳人：十五六岁的美女。

渐入佳境：原指甘蔗下端比上端甜，从上到下，越吃越甜，后比喻境况逐渐好转或兴趣逐渐浓厚。

4. 优

优，从人尤声，指古代表演乐舞、杂戏的艺人，宋元以后亦泛称戏曲艺人、演员。

用作吉祥字取其特别美好、充足富裕的含义，如优足、优产、优宽、优游、优厚、优待、优化、优惠、优礼、优良、优美、优势、优

先、优秀、优异、优裕、优越、优质、品学兼优等。

5. 魁

魁，原指长柄酒勺。因魁星即奎宿，原为二十八宿之一，是北斗七星中成斗形的四颗星，也指第一颗星，被古人附会为主管文运之神。

魁也指居首位，第一的。如魁甲（古代科举考试称进士第一名为魁甲）、魁解（明清乡试称解试，举人第一名称魁解，也称解元）、魁选（选中第一名，即首选）、魁品（高档的品级）等。

6. 嘉

嘉，善、美，如嘉虞（欢乐）、嘉慰（欣慰）、嘉容（喜悦的神色）等。

嘉还表示幸福、吉祥，如嘉祥（吉兆）、嘉娱（幸福快乐）、嘉气（瑞气）、嘉福（幸福美好）、嘉祯（嘉贞，吉祥的征兆）、嘉宾（佳宾，尊贵的客人）、嘉惠（敬辞，称别人给予的恩惠）、嘉耦（互敬互爱、和睦相处的夫妻）、嘉言善行、嘉奖、嘉勉（嘉奖勉励）。

嘉在古代还为吉、凶、军、宾、嘉五礼之一，包括冠、婚、贺庆、飨、宴等礼仪。

（二）慈爱的文字

1. 慈

慈，从心，兹声。《说文解字》曰："慈，爱也。"上爱下曰慈，如慈母、慈祥、慈亲、慈容、慈颜、仁慈、慈眉善目。传统文化讲究父母威严而有慈，则子女畏慎而生孝。

慈母：古谓父严母慈，故称母为慈母。后来用"慈"代指慈母，多用于对人称自己的母亲。

2. 和

和，相安、协调之意，如和谐、和美、和顺、平和、温和、柔和、祥和、和气、和悦、和煦、惠风和畅等。

在赌场上，用"和了"表示打牌赢了。

民间常用的吉祥词语有和合、和睦、和解、媾和等。"和"构成的吉祥成语也不少。

鸾凤和鸣：指夫妻和睦，感情融洽。也说成和如琴瑟、琴瑟调和、鱼水和谐、夫唱妇和。

情投意合：指双方感情融洽，心意完全一致。

隋珠和璧：隋侯之珠与和氏之璧。泛指珍宝。

和风细雨：温和的风，细小的雨。形容方式和缓，不粗暴。

日和风暖、风和日丽：形容温暖的春天。

和气生财：指待人和善能招财进宝。

民和年稔：民乐年丰，是农耕时代的太平盛世。

（三）善良的文字

1. 善

会意字，从言，从羊。言是讲话，羊是吉祥的象征。《说文解字》曰："善，吉也。"本义吉祥，如善时（吉时）、善祥（吉祥，吉兆）、善征（吉兆）、善日（吉日）。引申为好、好的、良好的，如善事、善举、善意、劝善、行善、与人为善。又引申为友好，如慈善、友善、亲善、善眉善眼（面孔和善）、善模善样（模样和善）、善性（善良的本性）、善顺（善良和顺）。

善也是儒家学说的重要范畴。如：

惩恶劝善：惩罚坏人，奖励好人，为儒家的基本教义。语出《左传·成公四十年》："《春秋》之称，微而显，志而晦，婉而成章，尽而不污，惩恶而劝善，非圣人谁能修之。"

独善其身：做不上官就修养好自身，是儒家的修身要求。语出《孟子·尽心上》："穷则独善其身，达则兼善天下。"

积善成德：长期行善，就会形成一种高尚的品德。语出《荀子·劝学》："积善成德，而神明自得。"

好善乐施：喜欢做善事，乐意施舍。语出司马迁《史记·乐书二》："闻徵音，使人乐善而好施；闻羽音，使人整齐而好礼。"

择善而从：选择好的学，按照好的做。语出《论语·述而》："三人行，必有我师焉。择其善者而从之，其不善者而改之。"

民间还讲究行善，就是做好事，信奉善有善报，恶有恶报。

民间还以善终作为一个标准判断人的善恶。善终就是正常死亡。这是人的圆满结局。不得善终则为诅咒语，指人不得好死，常指恶人应有的坏下场。故民间讲究多做善事，莫为恶事。

2. 良

良，形声字，本义善良。良心指人天生的善良的心地。良民指安分守己的善良百姓。良人为古时夫妻互称，后多用于妻子称丈夫。良家旧时指清白人家，如良家妇女。

喜结良缘：定亲、结婚的吉祥说法。

良辰吉日：美好的时辰、吉利的日子，常用以称宜于成亲的时间。

温良恭俭让：指儒家提倡的温和、善良、恭敬、节俭、忍让这五种美德，是儒家待人接物的准则。《论语·学而》："夫子温、良、恭、俭、让以得之。"

天理良心：指人的天性善心。天理，即自然之理。良心，指人类纯真善良之心。

贤良方正：指德才兼备的好人品。

贤妻良母：指做丈夫的好妻子、孩子的好母亲。

（四）勤劳的文字

1. 勤

勤，形声字，右形左声，《说文解字》曰："勤，劳也。"本义劳累、劳苦，现在多指尽力多做、不断地做。如勤俭、勤谨、勤奋、勤苦、勤快、勤劳、勤朴、勤恳、勤学好问、勤能补拙、业精于勤等。

"丈夫力耕作，妇女勤纺织"，农耕社会的民众务实肯干，勤勤恳恳，吃苦耐劳，显示出强大的生命力。"身体力行"，在虚与实、言与行问题上，人们更看重后者。孔子周游列国，孟子倡言"天将降大任于是人也，必先苦其心志，牢其筋骨"，丘处机行万里路到雪域劝诫成吉思汗，皆体现了敬天保民、"万古纲常担上肩，脊梁铁硬对皇天"

耕织图（局部）

的苦干精神。"死逼梁山下关东"则从另一个侧面反映了民众吃苦耐劳的品质。据统计，现在的东北人中，80%以上的，祖籍在山东。"闯关东"体现了山东民众的毅力和意志。《满洲地志》详细地记录了这种品格：山东人励精克己，勤俭耐劳，富于团结，劳动者互相扶助，商人互通缓急……他们在那里从事的都是苦力活——下煤矿，挖金子，抬木头，放山等，人们至今赞不绝口的，还是山东人作为雇工、矿工、铁路工、士兵等的那种勤恳和任劳任怨精神。

民间有很多谚语是用来表现勤快的：勤人歇一晌，身体三天痒；勤劳一日，可得一日安眠；勤耕勤作，日子好过；一日勤在早，一年勤在春；手勤不受贫；天地偏心，就喜勤人；与人家比种田，别与人家比过年；遍地是黄金，还得勤力人；冷天冻不着出力人，灾荒饿不着勤劳人；人穷志不穷，勤奋变富翁；土地不是黄金板，劳动才是聚宝盆。吃不穷穿不穷，不劳动要受穷；要吃饭大家干，没有傻人养懒汉；夫勤无闲地，妇勤无脏衣；谁家的烟囱先冒烟，谁家的高粱先红尖。

2. 俭

俭，形声字，从人佥声，本义为自我约束、不放纵。《周易·否卦象传》："君子以俭德避难。"

"俭，德之共也；侈，恶之大也。""历览前贤国与家，成由勤俭

破由奢。"勤俭节约是中国人的一种传统美德,是中华民族的优良传统。

关于"俭"的俗语有:勤是搂钱笆子,俭是存钱匣子;一根红线两枝花,勤俭节约不分家;有勤又有俭,生活甜上甜;忠厚传家远,勤俭继世长;勤劳年年富,节俭家家丰;平时勤俭省,胜栽摇钱树;克勤克俭,有吃有穿。

黜奢崇俭:革除奢华,崇尚俭朴。语出清代陈康祺《郎潜纪闻》:"嘉庆某年,御制《观龙舟诗》,命词臣赓和。众皆窘于水嬉嬉字韵,独钱塘陈太史嵩庆句云:'万国鱼龙呈曼衍,九重珠玉戒荒嬉。'盖上方以'黜奢崇俭论'示廷臣也。"

俭以养德:出自三国诸葛亮《诫子书》:"夫君子之行,静以修身,俭以养德。"节俭有助于养成质朴勤劳的品行。

躬行节俭:语出《汉书·霍光传》:"(霍光)师受《诗》《论语》《孝经》,躬行节俭,慈仁爱人。"

(五)勇敢的文字

1. 英

英,形声字,从艹央声,本义为花,现在指杰出,如英名、精英、英灵、英明、英才、英豪、英杰、英俊、英华、英烈等。

英雄是我们中华民族特有的一个文化范畴。祖先们奠定了中华民族的英雄精神:

第一,崇尚正义:大公无私、见义勇为的境界。

第二,不怕牺牲:义无反顾、赴汤蹈火的气概。

第三,无私奉献:敢当责任、勇挑重担的意识。

第四,英勇顽强:百折不回、不屈不挠的斗志。

第五,满怀豪情:壮志凌云、勇往直前的豪气。

2. 勇

勇,本作勈或恿,形声字,从力甬声,本义果敢、胆大。《诗经·小雅·巧言》云"无拳无勇",以为有力气就是勇敢。《左传·昭公二十年》以为"知死不辟,勇也"。如勇猛、忠勇、勇敢、勇气、勇武、勇毅等。

大智大勇：指非凡的才智和勇气。

奋勇当先：指鼓起勇气，赶在最前面。

激流勇进：指在急流中勇敢前进，形容果断、勇猛，一往无前。

见义勇为：语出《论语·为政》："见义不为，无勇也。"看到正义的事，就勇敢地去做。

骁勇善战：指勇猛，善于战斗。

勇冠三军：指勇敢或勇猛是全军第一。语出汉代李陵《答苏武书》，说李陵的祖父李广"功略盖天地，义勇冠三军"。

自告奋勇：指主动要求担任某项艰巨的任务。

（六）忠孝的文字

1. 孝

孝，从老从子，意为尽心奉养和服侍父母。《说文解字》曰："孝，善事父母者。"《孝经》："夫孝，德之本也。"又："夫孝，天之经也，地之义也，民之行也。"《国语·周语》："孝，文之本也。"《左传·文公二年》："孝，礼之始也。"如孝悌（孝顺父母，敬爱兄长）、孝慈（孝顺父母，慈爱幼弱）、孝养（孝顺父母，奉养父母）、孝门（孝悌之家）、孝道（指奉养父母所应做到的）、孝敬（孝顺父母，尊敬亲长）、孝廉（孝指孝子，廉指廉洁之士）、孝顺（赡养父母尽心尽力，遵从父母意志）、孝心（孝顺父母的心意）、孝子贤孙（对父母先人孝顺的儿孙后辈）。

孝是儒家文化的核心。我国民众讲究忠孝信义，爱国爱民，孝敬父母，讲义气，守信用，舍生取义，勇于牺牲，堂堂正正做人。

曾子说："吾日三省吾身，为人谋而不忠乎？与朋友交而不信乎？传不习乎？"这段话反映了我国人民忠孝信义品格形成的主要内因，就是克己律己。

孝敬的养成与父母的教育密切相关。相关词语或短句有父严子孝（父亲严格管教子女，子女孝敬父亲）、母慈子孝、有孝子必有慈孙等。

对父母的"孝"很容易转化为对祖国、对君主的"忠"，故历代忠孝并提。如：

以孝为忠，出自《孝经·广扬名》："君子之事亲孝，故忠可移于君。"指把孝顺父母之心转为效忠君主。

忠孝节义，泛指封建统治阶级提出的一系列道德体系。这一体系是我国传统文化的一个组成部分。

孝悌忠信，指孝顺父母，尊敬兄长，忠于君主，取信于朋友，是封建社会时提倡具备的道德品质。

忠孝两全，对国家尽忠，对父母尽孝，两样都做得很好。

2. 忠

忠，形声字，从心中声，忠诚无私、尽心竭力的意思。《左传·庄公十年》："十年春，齐师伐我。公将战，曹刿请见。其乡人曰：'肉食者谋之，又何间焉？'刿曰：'肉食者鄙，未能远谋。'乃入见，问：'何以战？'公曰：'衣食所安，弗敢专也，必以分人。'对曰：'小惠未徧，民弗从也。'公曰：'牺牲玉帛，弗敢加也，必以信。'对曰：'小信未孚，神弗福也。'公曰：'小大之狱，虽不能察，必以情。'对曰：'忠之属也，可以一战。战则请从。'"这里的忠就是尽力做好本分的事。宋司马光《四言铭系述》："尽心于人曰忠，不欺于己曰信。"这里的忠也是这个意思。

在中国传统文化里，忠专门指对皇帝、国家、工作的忠诚。如忠臣、忠心耿耿、效忠、忠诚、忠君爱国、忠谏、忠魂、忠烈、赤胆忠心、忠贞不渝等。

在传统文化中，君子修身的最高境界就是忠孝两全，即忠于君国、孝于父母。表达忠于祖国、人民的词语有很多，如：

忠心耿耿：形容非常忠诚。

忠贞不渝：忠诚坚定，永不改变。

赤胆忠心：形容十分忠诚。

任劳任怨：不怕吃苦，也不怕招怨。

鞠躬尽瘁：出自诸葛亮《后出师表》"臣鞠躬尽瘁，死而后已"，指恭敬谨慎，竭尽心力。

公而忘私：为了公事而不考虑私事，为了集体利益而不考虑个人得失。

披肝沥胆：语出唐代黄滔《启裴侍郎》"沾巾堕睫，沥胆披肝，不在他门，誓于死节"，比喻真心相见，倾吐心里话，也形容非常忠诚。

不屈不挠：比喻在压力和困难面前不屈服，表现十分顽强。

宠辱不惊：受宠受辱都不在意，指不因个人得失而动心。

富贵不淫、威武不屈、贫贱不移：指意志不为金钱和地位所迷惑，不屈服于强大的势力，也不因贫贱改变志向。出自《孟子·滕文公下》："居天下之广居，立天下之正位，行天下之大道。得志与民由之，不得志独行其道。富贵不能淫，贫贱不能移，威武不能屈，此之谓大丈夫。"

忍辱负重：为了完成艰巨的任务，忍受暂时的屈辱。

开诚布公：指诚心待人，坦白无私。

肝胆相照：比喻真心相见。

赤子之心：出自《孟子·离娄下》"大人者，不失其赤子之心者也"，比喻人心地纯洁善良。

表里如一：表面和内心完全一致。

仰不愧天：抬头仰望，对天无愧。指没有做过坏事，问心无愧。

疾恶如仇：憎恨坏人坏事就像憎恨仇人一样。

爱憎分明：爱和恨的立场、态度十分鲜明。

为民请命：指有相当地位的人代表百姓向当权者陈述困难，提出要求。

除暴安良：铲除强暴，安抚善良的人民。

扶弱抑强：扶助弱小，压制强暴。

（七）仁义的文字

1. 德

德，《说文解字》曰："升也。"本意为登高、攀登。

德是一种品德，被世人称赞。如德望（品德与名誉）、德被四方（品德高尚，满布天下）、德门（能恪遵礼教道德的人家）、德誉（道德声誉）、德馨（道德芳馨）、德艺（道德与才艺）、德操（道德操行）、德意（善意）、德法（儒家谓合乎仁德的礼法）、德厚（仁厚）、德高望重（道德高尚，声望重）、德政（有益于人民的政治措施和政绩）。

德的内容很丰富，包括仁义礼智信，还包括其他许多优秀的品德。如：

成人之美：出自孔子《论语·颜渊》"君子成人之美，不成人之恶"，即成全别人的好事。

助人为乐：帮助人就是快乐。

与人为善：原指赞成人学好，现多指善意帮助人。

扶危济困：扶助有危难的人，救济困苦的人。

排难解纷：原指为人排除危难，解决纠纷。今指调停双方争执。

仗义疏财：讲义气，轻钱财，多指拿出自己的钱财来帮助有困难的人。

雪中送炭：在下雪天给人送炭取暖，比喻在别人急需时给以物质上或精神上的帮助。

豁达大度：形容人性格开朗，气量大，能容人。

温柔敦厚：原指态度温和，朴实厚道。后也泛指待人温和宽厚。

仁人志士：原指仁爱而有节操，能为正义牺牲生命的人。现在泛指爱国而为革命事业出力的人。

2. 刚

刚，从刀，冈声，有坚硬、坚强、刚正、刚直等含义。如禀性刚烈、刚柔相济、刚性、刚毅、刚强、刚正廉洁、刚正不阿、刚毅木讷、气血方刚等。

3. 义

义，会意字，从我从羊，我是兵器，又表仪仗，羊表祭牲。本义指正义、合宜的道德行为或道理，如仗义、舍生取义、义让、义友、义兄弟、义气、义薄云天、义军、义举、义士、义侠等。

后来，施舍、救济也叫义。如义庄（旧指某些豪绅地主拨出的供祭祀、办学、救济本族孤寡等的田庄）、义田（为救助穷困者而购置的田地）、义卖（高于市价出售捐献物品，目的是为正义和公共利益事业筹款）、义塾（旧时免收学费的私塾，即义学）、义演（为正义或公益事业筹款而演出）等。

民众重义轻利。"君子喻于义，小人喻于利"，这缘于我国农耕社会重礼义、耻奔竞、不事商贾的观念。

民众崇尚刚勇豪迈、侠肝义胆的精神。在山东，从战国时期的"二桃杀三士"、荆轲刺秦王、鲁仲连义不缔秦、田横五百壮士拒不归汉，到瓦岗英雄程咬金、秦琼，梁山好汉宋江、李逵、武松，他们的故事一直被津津乐道。其他如大舜、鲁班、孔子、孟子、孙子、诸葛亮等先贤，文学家李清照、辛弃疾，农民起义首领吕母、黄巢、唐赛儿、罗清、朱占鳌，直到现代的王尽美、焦裕禄、孔繁森等一大批革命者和先进典型，尽管他们的历史作用不同，功绩各异，但其豪迈的志气是相通的，是一脉相承的。

仁至义尽：指竭尽仁义之道，即人的善意和提供的帮助已经做到了最大限度。出自《礼记·郊特牲》："蜡之祭，仁之至，义之尽也。"

以德报怨：指不记别人的仇，反而给他好处。出自《论语·宪问》："或曰：'以德报怨，何如？'子曰：'何以报德？以直报怨，以德报德。'"

急公好义：意为热心公益，见义勇为。出自汉代刘向《新序·节士》："楚昭王有士曰石奢，其为人也，公正而好义。"

舍生取义：指为正义而牺牲生命。出自《孟子·告子上》："生亦我所欲也，义亦我所欲也，二者不可得兼，舍生而取义者也。"

杀身成仁：指为正义而牺牲生命，是儒家道德的最高标准。后泛指为了维护正义事业而舍弃自己的生命。出自《论语·卫灵公》："志士仁人，无求生以害仁，有杀身以成仁。"

大义灭亲：为了维护正义，对犯罪的亲属不徇私情，使其受到应得的惩罚。

（八）体现正直的文字

1. 梅

梅花高洁、坚强、谦虚，不仅以清雅俊逸的风度使古今诗人画家倾倒并创作出很多优美的诗篇和画卷，更以冰肌玉骨、凌寒留香的品质、品格为世人敬重，成为古今被崇拜的植物。

中国历代文人志士中爱梅者、颂梅者极多。梅开百花之先，独占天下之春，因此又常被民间作为传春报喜的吉祥象征。

2. 竹

竹青翠挺拔，奇姿出众。即使寒露突降，百草枯零，它仍然青青葱葱，临霜傲雪而不凋，可谓四时常茂。竹竿挺拔，拔节发叶，蓬勃向上，体现了高洁的节操，受到人们的称颂。人们赋予它性格坚贞、志高万丈的高风亮节和虚心向上、风度潇洒的"君子"美誉。

民间传统中有用放爆竹除旧迎新、除邪恶报平安的风俗。所以，竹在中国的装饰绘画上亦被作为平安吉祥的象征。

迎客松屏风（张廷兴　摄）

3. 松

松树丰姿醉人，是一种生命力极强的常青树。不管冰冻严寒，松树依然苍茏茂郁。人们赋予它意志刚强、坚贞不屈的品格。松与竹、梅一起被比作"岁寒三友"。民间更爱它的常青不老，在传统装饰中，松树是长寿的代表。

4. 莲

莲花在佛教里被认为是西方净土世界的象征，是孕育灵魂之处。佛身多置于莲花之上，所以佛座亦称莲座。

在我国传统文化中，莲花代表了清正廉洁与纯洁。历代诗人赞美莲花出污泥而不染，濯清涟而不妖，中通外直，把莲花喻为君子，赋予其圣洁的形象。一茎双花的并蒂莲，是人寿年丰的预兆和纯真爱情的象征。在百花中，它是唯一能花、果（藕）、种子（莲子）并存的。莲花因象征美、爱、长寿、圣洁而成为中国人喜爱的名花，还因与"连"谐音而出现在传统的吉祥图案中。

鱼戏莲叶图案（张廷兴 摄）

5. 菊

菊花隽美多姿，不以娇艳姿色取媚，却以素雅坚贞取胜，盛开在百花凋零之后。人们爱它的清秀神韵，更爱它凌霜盛开的一身傲骨。人们赋予它高尚坚强的情操，视其为民族精神的象征。

菊作为傲霜之花，一直为诗人所偏爱。古人尤爱以菊名志，以此比拟自己高洁情操、坚贞不屈的品格。

国人极爱菊花，从宋代起，民间就有一年一度的菊花盛会。在古代神话传说中，菊花又被赋予吉祥、长寿的含义，如菊花与喜鹊组合表示"举家欢乐"，菊花与松树组合表示"益寿延年"等。

6. 兰

兰草、兰花是中国传统名花，是一种以香著称的花卉，在古时是表达爱的吉祥物。它幽香清远，一枝在室，满屋飘香。古人赞曰"兰之香，盖一国"，故有"国香"的别称。兰草、兰花的叶终年常绿，多而不乱，俯仰自如，姿态端秀，别具神韵，故有看叶胜看花之说。

它的花素而不艳，亭亭玉立。兰花以它特有的叶、花、香独具四清（气清、色清、神清、韵清），给人留下了极其高洁、清雅的优美印象。古今名人对它评价极高，喻其为花中君子。

7. 正

正，为指事字，甲骨文字形上面的符号表示方向、目标，下面是足（止），意思是向这个方位或目标不偏不斜地走去。引申为符合法则的、规矩的。

中国传统文化以正为主，如正门、正厅、正殿、正宫、正屋、正阳、正院、正位、正座、正味、正色、正职、正房大院、正主、正头娘子、正头妻、正嫡、正史、正式、正堂、正统等。

正房：四合院里位置在正中的房子，通常坐北朝南。旧还借指正妻。

正宫：指皇后或皇后居住的宫室。

正嫡：指封建婚姻制度下正妻生的孩子。

正色：纯正的颜色，指青、黄、赤、白、黑等色。

明婚正娶，明媒正娶：指经过正式手续的婚姻。

中国传统文化提倡平心持正，反对邪气，赞颂正派、正经、正直、公正、正人君子、廉正、正士、正人、光明正大。

正派：作风规矩、严肃，符合道德规范。

正气：正常气色，光明正大的风气，刚正的气节，如正气凛然。

正人君子：品行端正而无私的人。

光明正大：原指明白不偏邪。现多指心怀坦荡，言行正派。

大公无私、铁面无私：指办事公正，没有私心；公正严明，不怕权势，不讲情面。

堂堂正正、光明磊落：形容光明正大，胸怀坦荡，言行正派。

浩然之气：指正大刚直的精神。出自《孟子·公孙丑上》："我善养吾浩然之气……其为气也，至大至刚，以直养而无害，则塞于天地之间。其为气也，配义与道；无是，馁也。是集义所生者，非义袭而取之也。行有不慊于心，则馁矣。"走得直，行得正，诚以待人，时间长了自然就会显得正义凛然。

守正不阿：处理事情公平正直，不讲情面。

襟怀坦白：形容心地纯洁，光明正大。

一视同仁：原指圣人对百姓一样看待，同施仁爱。后多表示对人同样看待，不分厚薄。

任人唯贤：指用人只选有德有才的人。出自《尚书·咸有一德》："任官惟贤材，左右惟其人。"

公事公办：公事按公事的原则办，不讲私人情面。

使之端正也是君子之风，如正家（端正家风）、正襟（端正衣襟）、正德（端正自己的德行）、正己（端正自己的思想、言行）、正俗（匡正风俗）等。

8. 贞

贞，会意字，从卜从贝，本义占卜。《易·乾》有"元、亨、利、贞"的说法，为端方正直之义。

一指坚定，有节操，有气节。言行抱一谓之贞，贞良死节之臣为历代称颂。

二指妇女不改嫁。这是封建礼教束缚妇女的一种道德观念。如贞妇（夫死不再改嫁的女子）、贞心（坚贞不移的心）、贞艳（有坚贞之节的美女）、贞节（坚贞的节操，指封建礼教所提倡的女子不失身、不改嫁的道德）、贞洁（妇女在节操上没有污点）、贞静（节操贞纯、情性淑静）、贞烈（封建礼教中指妇女坚守节操，宁死不屈）、贞淑（保守贞洁而又善良）、坚贞忠诚（能够以死殉节、志节坚定不移、能守正道的人）。

第四章 美好的文字

与"贞"有关的吉祥词语还有贞木（坚劲耐寒经严冬而不凋的树木）、贞珉（坚美可做碑铭石刻的石块）、贞柯（坚挺耐寒的枝柯）、贞玉（坚美的玉石）、贞碣（碑石的美称）、贞碑（碑石的美称）、贞度（符合正道的法度）、贞则（符合正道的准则）等。

有些成语也有表示正直的含义。

冰清玉洁：语出司马迁《与挚伯陵书》："伏惟伯陵材能绝人，高尚其志，以善厥身，冰清玉洁，不以细行。"形容挚伯陵像冰那样清澈透明，像玉那样洁白无瑕。后多用于比喻女子的操行清白。

高风亮节：语出宋代胡仔《苕溪渔隐丛话后集》卷一："余谓渊明高风峻节，固已无愧于四皓，然犹仰慕之，尤见其好贤尚友之心也。"形容道德和行为都很高尚。

四、人品修养的文字

表现人品修养的文字涉及待人接物谦虚诚恳、团结，有理想、有志气，努力学习、增强才干，做事勤奋、艰苦朴素等。

（一）团结

同心同德：指思想统一，信念一致，为同一目的而努力。

万众一心：千万人一条心。形容团结一致。

精诚团结：一心一意，团结一致。

众志成城：万众一心，像坚固的城墙一样不可摧毁。比喻团结一致，力量无比强大。

群策群力：出自西汉扬雄《法言·重黎》："汉屈群策，群策屈群力。"指发挥集体的作用，大家一起来想办法，贡献力量。

同甘共苦：共同享受幸福，共同担当艰苦。

同舟共济：出自《孙子·九地》："夫吴人与越人相恶也，当其同舟而济。遇风，其相救也若左右手。"坐一条船，共同渡河。比喻团结互助，同心协力，战胜困难；也比喻利害相同。

患难与共：共同承担危险和困难。指彼此关系密切，利害一致。

（二）谦诚

谦虚谨慎：形容人虚心礼让，小心谨慎。

虚怀若谷：出自《老子》："敦兮其若朴，旷兮其若谷。"言胸怀像山谷一样深广。形容十分谦虚，能容纳别人的意见。

谦谦君子：出自《周易·谦》："谦谦君子，卑以自牧也。"指谦虚而严格要求自己的人。

功成身退：指大功告成之后，自行隐退，不再复出。

自知之明：指了解自己的情况，对自己有正确的估计。

严于律己：严格地约束自己。

从善如流：郑国是春秋时的小国，为了防御楚国，和晋国签订了盟约。结盟的第二年，楚国即发兵进犯郑国。晋军有约在先，便派兵救援，路上与楚军相遇，楚军不战而退。晋将赵同等人主张乘机攻占楚国的蔡地。他们催请栾书元帅下令行动，但"中军佐"知庄子不让栾书元帅发兵，说："楚军已撤，郑国转危为安，我们就不该进攻楚国。"栾书元帅觉得有理，毅然命令大军撤回晋国。左丘明在《左传·成公八年》里评价说："君子曰：'从善如流。'宜哉！"形容能迅速接受别人的好意见。

礼贤下士：语出《新唐书·李勉传》："其在朝廷，鲠亮廉介，为宗臣表，礼贤下士有终始，尝引李巡、张参在幕府。"赞其对有才有德的人以礼相待，对一般有才能的人不计自己的身份去结交。

不耻下问：出自《论语·公冶长》："敏而好学，不耻下问。"称赞卫国大夫孔圉乐于向地位比自己低的人学习而不觉得不好意思。

（三）奋发

壮志凌云：形容理想宏伟远大。

顶天立地：形容形象高大，气概豪迈。

励精图治：振奋精神，设法把国家治理好。

发愤图强：下决心努力谋求强盛。

老当益壮：语出南朝范晔《后汉书·马援传》："……常谓宾客曰：'丈夫为志，穷当益坚，老当益壮。'"年纪虽老但志气更旺盛，干劲更足。

自力更生：指不依赖外力，靠自己的力量重新振作起来，把事情办好。

自强不息：自觉地努力向上，永不松懈。

艰苦奋斗：不怕艰难困苦，坚持英勇斗争。

卧薪尝胆：出自《史记·越王勾践世家》："越王勾践反国，乃苦身焦思，置胆于坐，坐卧即仰胆，饮食亦尝胆也。"越王勾践睡觉睡在柴草上，吃饭睡觉都尝一尝苦胆的味道，后用以形容刻苦自励，发奋图强。

（四）才能

博闻强记：形容知识丰富，记忆力强。

融会贯通：把各方面的知识和道理融化汇合，得到全面透彻的理解。

精明强干：机灵聪明，办事能力强。

博古通今：对古代的事知道得很多，并且通晓现代的事情。形容知识丰富。

满腹经纶：出自《周易·屯》："云雷屯，君子以经纶。"形容人极有才干和智谋。

才高八斗：文章多，谓之八斗之才。宋佚名《释常谈·八斗之才》："天下才有一石，曹子建独占八斗，我得一斗，天下共分一斗。"

栋梁之材：能做房屋大梁的木材，比喻能担当国家重任的人才。

出类拔萃：超出同类之上，指人的品德才能好。

锦心绣口：形容文思优美，辞藻华丽。

经天纬地：能规划天地，形容人的才能极大，能做非常伟大的事业。

升堂入室：出自《论语·先进》："由也升堂矣，未入于室也。"

古代宫室，前为堂，后为室。比喻学识或技能由浅入深，循序渐进，逐步达到很高的成就。

大智若愚：某些才智出众的人，看起来好像愚笨，不露锋芒。

独具匠心：具有独到灵巧的心思。指在技巧和艺术方面的创造性。

足智多谋：富有智慧，善于谋划。形容人善于料事和用计。

高瞻远瞩：站得高，看得远。比喻眼光远大。

真知灼见：能提出正确而透彻的见解。

多谋善断：很有智谋，又善于判断。

妙手回春：比喻将快死的人救活。指医生医术高明。

披荆斩棘：劈开丛生多刺的野生植物。比喻在创业过程中或在前进的道路上清除障碍，克服重重困难。

中流砥柱：比喻坚强而能起支柱作用的人或集体。

（五）廉洁

克己奉公：克制自己的私心，一心为公。

两袖清风：比喻做官廉洁，也比喻穷得一无所有。

秋毫无犯：指军纪严明，丝毫不侵犯人民的利益。

洁身自好：保持自身纯洁，不同流合污。也指怕招惹是非，只顾自己好，不关心公众事情。

一尘不染：原指佛教徒修行时，排除物欲，保持心地洁净。现泛指丝毫不受坏习惯，坏风气的影响。也用来形容非常清洁、干净。

淡泊明志：指不追求名利才能使志趣高洁。出自诸葛亮《诫子书》："非淡泊无以明志，非宁静无以致远。"

（六）勤奋

铁杵成针：比喻只要有毅力，肯下苦功，事情就能成功。

夙兴夜寐：早起晚睡，形容勤奋。

闻鸡起舞：出自《晋书·祖逖传》："中夜闻荒鸡鸣，蹴琨觉,曰：'此非恶声也。'因起舞。"听到鸡叫就起来舞剑。后比喻有志报国的人及时奋起。

凿壁偷光：原指西汉匡衡凿穿墙壁引邻舍之烛光读书。后用来形容家贫而读书刻苦。

呕心沥血：比喻费尽心血。多形容为事业、工作、文艺创作等费尽心思或心血。

废寝忘食：顾不得睡觉，忘记了吃饭。形容专心努力。

兢兢业业：形容做事谨慎、勤恳。

韦编三绝：孔子晚年很爱读《周易》，翻来覆去地读，使穿连《周易》竹简的皮条断了好几次。形容读书勤奋。

专心致志：把心思全放在上面。形容一心一意，聚精会神。

聚精会神：原指君臣协力，集思广益。后形容精神高度集中。

坚韧不拔：形容意志坚定，毫不动摇。

持之以恒：长久坚持下去。

第五章　吉祥文字的载体

春种夏收、娶妻生子、祝寿延年、开市营业、科考应试、提拔晋职、乔迁新居等人生大事，都离不开吉祥文化。年画、剪纸、刺绣、泥塑、风筝、木雕、皮影、印染、面具等民间艺术形式也多被用来表达祈求平安吉祥、多子多福等愿望。其中器物图纹、剪纸、对联、年画、符箓、命名、吉利话是吉祥字的主要载体。

一、器物上的吉祥文字

古代的家具、门窗、瓷器、玉器上都有很多吉祥的图案。这些吉祥图案多源于汉字的谐音，比如蝙蝠同"福"，马、蜜蜂和猴子组成"马上封侯"，蝙蝠和寿字组成的图案寓意"福寿双全"，都有幸福长寿的意思。五个蝙蝠环绕着一个寿字寓意"五福捧寿"。有些吉祥图案则源于民间传说，比如八仙祝寿、麻姑献瑞等。到了明、清时期，这种对吉祥图案的追求最为繁盛，其中又以乾隆时期最盛行。

（一）家具装饰的吉祥文字

房屋建筑，家具摆设，墙壁、门窗、走廊等装修，都有很多展现文化的图案、构件、雕塑、陈设。而这些设计和图案与几千年来形成的吉祥文化密切相关。

传统建筑、房屋、家具典雅优美，其装饰花样纷繁复杂，图案浑圆，花卉富丽，山水人物风流清雅，情趣盎然，有很高的艺术成就。

最常见的吉祥纹路有龙纹、凤纹、螭纹、葡萄纹、牡丹纹、如意纹、卷草纹等。吉祥寓意多用一些形象来表示，如：

牡丹——富贵。

葫芦、石榴、葡萄——多子。

鹿——禄。

蝙蝠、桃子、佛手——福。

喜鹊——喜庆。

鱼——富足。

瓶——平安。

桔、戟——吉。

磬——庆。

象——祥。

葫芦——子孙万代绵长。

桃子——长寿。

梅、兰、竹、菊——君子。

蝙蝠、万字、寿字——万福万寿。

蝙蝠（或佛手）、葫芦（或石榴）、桃（或寿字）——多福、多子、多寿，福寿三多。

万字、柏、柿子、如意、灵芝——百事如意，万事如意。

在花瓶内插上月季花（或四季花），加上鹌鹑——四季平安。

松、竹、梅——岁寒三友。

兰花、灵芝——君子之交。

芙蓉、牡丹——荣华富贵。

葫芦或石榴或葡萄加上缠枝绕叶——子孙万代。

灵芝、兰花、牡丹花——兰芝富贵。

蝠、磬、双鱼——福庆有余。

底子上雕饰精美细致的几何纹样，锦地上浮雕各样花卉——锦上添花。

此外，"五蝠捧寿""鹊上梅梢""麒麟送子""吉庆有余""龙凤呈祥""凤戏牡丹""海屋添筹"等，也都是民间各类工艺品上常见的装饰纹样。

此外，还有吉祥图案八宝。八宝有佛八宝、道八宝和杂八宝之分。佛八宝指轮、螺、伞、盖、莲、瓶、鱼、长，也叫"八吉祥"。道八宝就是"暗八仙"，指的是吕洞宾等"八仙"使用的器具——芭蕉扇、宝剑、花篮、笛子、宝葫芦、渔鼓、阴阳板、莲花或荷叶。杂八宝指的是民间经常使用的吉祥纹样，如祥云、金锭、银锭、宝珠、犀角、珊瑚、方胜、古钱、灵芝、磬、鼎、芭蕉叶等其中的八样。

以上图案都与吉祥汉字有意义上的密切关联，还有很多直接用福寿等字的各种变体。

（二）瓷器图案的吉祥文字

陶瓷，其对应的英语为 china，是中国的代称。用陶土和瓷土这两种不同性质的黏土为原料，经过配料、成型、干燥、焙烧等工艺流程制成的器物都可以叫陶瓷。瓷器是我国古代民众使用最多的一种器具，从大的瓮、缸、瓶到小的碗、盘、碟、匙，一应俱全，所以全国各地均有生产。陶瓷最主要的产区有彭城镇、景德镇、醴陵、高安、丰城、萍乡、黎川、佛山、潮州、德化、淄博、唐山、北流等地。

人们在陶瓷上一般针对不同年龄的人群，采用不同的内容或图案表达吉祥含义：

年轻人追求幸福美满，所以多用怒放的牡丹花朵作为象征；表达爱情的幸福，就用寓意美满婚姻、夫妻和谐的鸳鸯图，如"鸳鸯并莲""月季鸳鸯"。

中年人追求的是一生平安、吉祥如意，所以多用如意、瓶花等作为象征。

老年人追求的是健康长寿、岁岁平安，所以多用福、寿、平安、吉祥文字的象征实物，常用蝙蝠表示遍福、遍富，蝙蝠与云朵组成图案，谓之"福

寿字图案的花瓶图

自天来""五福齐天""流云百福""洪福齐天"。

龙、凤、麒麟是人们想象中的瑞禽仁兽,是吉祥的象征。龟在古代是长寿的象征,其相应的纹饰也具有同等作用。以瑞禽仁兽及其他物象构成的传统吉祥图案有:"龙凤呈祥""双龙戏珠""彩凤双飞""凤穿牡丹""双狮戏球"以及"金玉满堂"等。

作为具体的文字,常见的如天花捧字、神仙捧字、结篆寿字等,"福""寿"字多书于瓷器的内底心,"五福立寿""九五之尊""黄金万两"等吉语多书于四周。

二、钱币上的吉祥文字

(一)元宝、通宝钱

先秦时期,货币以刀、布、圆钱、蚁鼻钱(又称鬼脸钱)等为主,到了秦代出现了古代铜质辅币,民间称为铜钱、铜板、方孔钱。这种铜钱为圆形,中有方孔,历代通用,但形制不一,清代末年使用铜圆后,逐渐停止流通。铜钱因为字面的"宝"字,除被用作交易,还广泛应用于婚丧诞庆等众多场所,代表吉祥、辟邪之义。

魏晋南北朝时期的钱币种类较多,出现了一些国号钱、年号钱及古语钱,如"丰货""汉兴""凉造新泉""大夏真兴""永光""景和""天清丰乐"等,吉祥意义更加明显。

唐代货币以"开元通宝"为主,初唐开元比较精美,会昌开元铸工较为粗糙,其背文上常见的字有"昌""京""洛""益""荆""襄""蓝""越""宣""洪""潭""究""润""鄂""平""兴""梁""广""梓""福""桂""丹""永"等,除了表示地域,更多的是表示太平盛世、福禄吉祥的意思。

五代时各地割据政权纷纷设炉铸钱,种类庞杂,后晋时有"天福元宝",后周有"周元通宝"。宋代除通宝、元宝,还有重宝、新宝、永宝、真宝、珍宝、正宝、之宝、万宝等十余种,均以"宝"相称。

元代早期钱币有蒙文"大元通宝"和"至大通宝",元末农民起义军的钱币有天启、天定、天佑、龙凤等通宝。到明代,为避朱元璋的"元"字讳,将钱文一律称通宝,且直读(即通宝二字在右、左方)。延至清代,钱文仍以直读通宝为主。直至咸丰发行大钱时,才恢复了元宝、重宝之称。

乾隆通宝

(二)罗汉钱

康熙年间所铸制钱"康熙通宝",是专为康熙皇帝六十寿辰而铸的"万寿钱",为小铜钱,俗称"罗汉钱"。

关于其吉祥效能,有三种说法:

康熙通宝

一说清朝康熙皇帝派年羹尧西征平叛,在进军途中军饷不足,无奈之下,年羹尧向当地佛寺征借铜佛,熔化铸成"康熙通宝"钱,并许下心愿,待班师回朝,定将全数铜钱收回,并加倍铸还金身。为了有个识别,将原"康熙通宝"的"熙"字去掉左边一竖。不料回京后,年羹尧被革职入狱,于是这批铜钱就留在了民间。

一说康熙年间,平藏的清兵将西藏庙宇的金、铜罗汉熔化以后铸成钱,所以才有"罗汉钱"之称,并且钱中含少量黄金。

一说大约是道光年间,西湖名刹净慈寺在维修时,于罗汉佛内发现这种不同于常品的"康熙通宝"钱。

由于罗汉钱铜质精良、制作精美,民间一直把它当作吉祥、幸福的象征,用它"压岁"、(婚嫁)"压箱"或当作男女相爱的"信物"。

（三）花钱

花钱起源于汉代，民间在开炉、镇库、馈赠、祝福、玩赏、戏作、配饰、生肖等情况下都要铸钱，这种钱制作粗糙，具有游戏、辟邪、吉利、纪念之义，不是流通钱，民间把这种钱俗称为"花钱"。

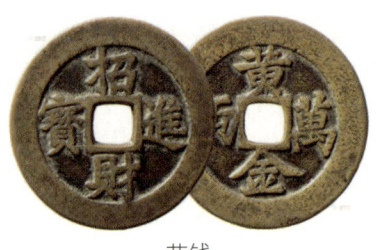

花钱

花钱多铸有吉利语，所以又叫吉利钱。文字主要有莲生贵子、寿享千春、长命富贵、延年益寿、金玉满堂、一本万利、状元及第、福德长寿、加官进禄、天下太平等。

花钱按其用途大致可分为宫钱类、吉语类、宗教类、游戏类、特殊用途类五大类，分别作厌胜、佩饰、玩赏、游戏、撒帐、洗儿、婚嫁吉庆、卜卦、殉葬、赏赐、凭信、镇库、纪念、祝寿、挂灯、上梁、系包裹、镇水等之用。

三、建筑装饰中的吉祥文字

建筑装饰文字图案有石刻、砖印、木结构上的彩画、木刻等。此外，文字在建筑装饰中也被运用为文字瓦当、文字瓦脊、文字方砖和图形字等。

（一）对联

对联按照使用位置，有三种基本方式，一是当门，二是抱柱，三是补壁。对联按照材质有砖雕、石刻、木雕、纸质之分，有的还染上颜色，显得高雅而别致。对联按照场合，又分为春联、喜联、楹联。春联、喜联用在特定时期和特定场合，而楹联则可以常年挂于建筑物的两侧。

（二）匾额

匾额是一块写上文字的木板，悬挂在殿堂、楼阁、门庭、园林大门的正上方，通常是说明建筑物的名称，还有的则是表明主题的，均有吉祥文字的特点。

牌坊匾通常是用作表彰的，如表彰富人守规范，表彰乡里楷模等。民间存量最多的是祝寿喜庆匾额和商业字号匾，如北京的荣宝斋匾额、同仁堂匾额。

旧时大家族等都流行挂堂名，如"福和堂""东和堂""百忍堂""庆春和""天一堂""江夏堂"等，一方面表示族氏源流，一方面标识追求的精神与品格。

另外，还有很多门第将历代进士、状元、翰林等先贤的题字雕刻成匾额，悬挂于门口、厅堂之上，以彰显其地位。

文人的题字匾额是带有文学色彩的或是座右铭式的匾。而旌表的匾额则带有中央或地方政府的大气和隆重。

（三）雕刻

1. 木雕

门窗木雕除了雕刻人物、山水、花卉、飞禽、走兽、虫鱼、云头、回纹、八宝博古等之外，还雕刻很多的吉祥文字以及由此变化的一些几何形体等图案。

2. 砖雕

广泛用于门楼、门套、门楣、屋檐、屋顶、屋瓴等处，使建筑物显得典雅、庄重。砖雕有平雕、浮雕、立体雕刻，题材包括翎毛花卉、龙虎狮象、林园山水、戏剧人物、吉祥文字等。

3. 石雕

多用于装饰廊柱、门墙、牌坊、墓葬等处。

（四）文字内容

1. 咏景颂物的诗词文字

通过碑刻、崖刻、屏刻、夹纱字画、中堂画、年画等形式，存在于山崖、墙壁、寺庙、厅堂、卧室中。

2. 简短精练的文字题句

通过牌匾、对联等方式穿插于建筑及建筑室内空间中。

3. 题画字句

砖雕、木雕、石雕中的很多吉祥图案使用文字作为题字。如"八仙过海""和合二仙""观音渡海""闹天宫""猪八戒娶亲""三打白骨精""瑶池琼会""郭子仪祝寿""刘备招亲""麻姑祝寿""福禄寿""麒麟送子""抬角戏""闹元宵灯会""岳母刺字""卧冰取鱼""杨家将""苏武牧羊""喜禄封侯""喜事连年""鹿鹤同春""三阳开泰""五蝠捧寿""喜鹊登梅""岁寒三友""双狮抢球""二龙戏珠""龙凤呈祥"等。

四、挂饰图样中的吉祥文字

作为装饰和美化的一种形式，挂饰应用于很多场合和空间，包括剪纸、窗花等。

（一）剪纸文字

民间剪纸以纸为加工对象，以剪刀（或刻刀）为工具进行创作，流传极广，历史悠久。唐代诗人崔道融所说"欲剪宜春字，春寒入剪刀"，就是剪"春"字张贴以应时节。杨万里提到过一个剪字道人，"用青纸剪字，什米元章体逼真"。

在张贴用的窗花、墙花、顶棚花、烟格子、灯笼花、纸扎花、门笺等剪纸中，有不少是以吉祥字为主题的。山东临沂一带的"挖补门笺"最出色，一套五色，取五彩为五福，上镂刻各种吉祥图案和文字，如"普天同庆""国泰民安""蝴蝶戏牡丹""双喜临门""连年有余""四季平安""风调雨顺""金玉满堂""喜鹊登梅""福、禄、寿、喜、财""五业兴旺"等，周边衬托以吉祥花纹。贴时一溜排开，红黄绿蓝紫，比其他地区的单色门笺更华丽鲜艳。

用于点缀礼品、嫁妆、祭品等的喜花、供花、礼花、烛台花等剪纸中，也有不少是以吉祥字为主题的。如点缀嫁妆的剪纸，多以吉、喜字为主,外形样式有圆形、方形、菱形、桃形、石榴形等,配以各种吉祥的图案纹样,如龙凤、鸳鸯、喜鹊、花草、牡丹等。

民间还有许多用于衣饰、鞋帽、枕头上的刺绣图样,如鞋花、枕头花、鞋垫、帽花、围涎花、衣袖花、背带花,也有一些是以吉祥字为主题的,如万事如意、鸳鸯戏水、王、龙、虎、寿、长命百岁等。

（二）春联文字

春联反映着人们对平安、如意、美满、幸运、健康、时尚的热切追求和憧憬。旧时是用桃木书写神荼、郁垒或钟馗的名字挂在门上。除服孝者三年内不贴春联之外,城乡的家家户户都要贴春联。在城里居住,家乡有老房子的,也要回到老家或者嘱托亲友贴好春联。

春联的形式和内容丰富多彩,不同位置的春联,其文字有不同的讲究,具体内容已在第一章中讲过,在此不再赘述。

春联或者请人写,或者到集市上买。写春联要求用红纸（民间叫"万年红""大纸";有的在红纸上洒金粉,叫作"洒金宣";或是在红纸上加印团花、图腾）,要写黑字或金字。写春联的人一般是本村的秀才、私塾先生、小学教师。中华人民共和国成立前,由于识字的人少,一进入腊月,会写的人就开始忙活着为乡亲们写对联。乡亲们一般不给钱,通常是买墨汁或者多买一些纸张作为酬谢。中华人民共和国成立后,直到改革开放以前,一般以生产队为单位,挑选一些中学生、小学教师承担写春联的任务,仍然是各家自己准备纸张,生产队出墨水。改革开放以后,人们多买春联。每到腊月,在年集上或街头上,就有不少摆摊卖春联的人。他们背后挂满了春联,地上用石子压着一副副春联,有的和年画一起卖;还有很多写卖一体的春联临时摊位,摊主挥毫泼墨,边写边卖。

贴春联有一些讲究:竖着写,竖着读,竖着贴。贴时自右而左,先上联,后下联。上联贴于右手一边,即门之左边;下联贴于左手一边,即门之右边。上联与下联,不可任意倒贴。在许多地方还有"贴得早,过得好"的风俗,传说本来是为了躲避债务。过去有个说法,贴上春

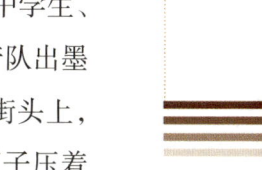

联之后，债主便不再进门讨债，因此欠债人家都早早贴上春联。讨账的人看见人家已经贴了春联，就不能登门要账了，因为春联和门神一样，都是辟邪的，讨账的人忌讳。

民间有送"福"或"财神"的风俗。乞讨者借春节期间人们求吉的心理，到各家门户卖"福"字和年画，叫"送福""送财神"。尽管价格高，但是人们为了讨吉利，一般都会很痛快地买下，但也有些人以"已经请了"为由，拒绝买。

最近几年，政府倡导、文化部门全方位实施"三下乡"、扶贫等工程，在春节之前会举办写春联、送春联的活动，因此产生了不少有关春联的新民俗。许多民间团体也会组织当地书法家在广场、街道上为市民写、送春联。一些企业也借机组织举办迎新春送春联、征集新对联等活动。这些活动主要突出当地文化内涵和时代气息，或者以推进公民道德建设、弘扬良好社会风尚为主题，歌颂国泰民安，祝福美好生活。这些新时代春联既保持了传统春联红火、热闹、喜庆的特色，又剔除了陈腐和庸俗的内容，加入了新鲜和积极向上的内容。金融系统、各大公司和社会服务部门、社区服务机构等纷纷开展送春联活动。政府部门则给烈军属、退离休干部、荣军、下岗职工、农村五保户、城市孤寡老人等送春联和米面等，体现党和政府对人民的关怀。

商业春联文化也为城市春节增加了浓浓的年味。春节一到，各大商厦、各门头房都贴上了红红的春联，商业街区里到处都是红灯笼、红门柱、红"福"字、红春联，满眼的红火，增加了年味。商家的春联都比较大气，并且和年紧密结合，如马年的"万马奔腾迎新春，金龙腾飞唱新年""春来喜到千秋盛，马年吉祥万事兴""一帆风顺兴骏业，万事如意展宏图"，洋溢着昂扬的"龙马精神"。当然，他们的春联中有时也不乏浓厚的商业味，或是展示经济实力，或是展现服务品质，如"谢天谢地莫过谢顾客，送财送礼莫过送真情""诚意笑意为顾客满意，热心耐心使顾客称心""二月花红似永新，百川流长归淮海""金钟接祥云这边流金流彩流行，八仙腾紫气此处名街名店名品"。

值得注意的是，最近几年，洋快餐店也挂起鞭炮，贴起窗花、春联或"福"字，装扮得非常中国化。如肯德基店门上贴上了"迎新春家家纳福，贺佳节人人添运"的春联，并且在大玻璃橱窗上贴了一个大大的"福"字。麦当劳店除了对联、倒"福"外，还挂起了挂笺与阿福拜年的吉祥人物画片。

对联本身的形式也发生了一些变化。印刷的春联占了绝对优势。印制春联的企业很多，与手工春联相比，印刷的春联物美价廉、方便。这些印刷的春联重点对"福"字进行包装，将"福"字做成各种图案，有寿星、寿桃、鲤鱼跳龙门、五谷丰登、龙凤呈祥等。此外，还出现了一些高新技术产品，如吊牌、斗方福、闪光立体烫金春联、大红烫金纸春联、蜡纸质的铂金春联、活泼可爱的金童玉女春联。

对联的功能也悄悄发生了一些改变。一是出现了"道德对联"，即利用春联的教化、自勉自励功能更好地为社会主义精神文明建设服务。有的城市将"文明道德新时尚，民约法规好条文""奉养父母年年健康，教育子女天天向上"的道德春联送到每一个农户家中，让全市 80% 以上的农户都贴上了道德春联。二是利用春联更好地反映农村清新、蓬勃的气象，凝聚人心。有的村子经济发展速度较快，凝聚力较强，文化也比较先进，统一发送了许多别具一格、令人耳目一新的春联，字里行间散发出法治、文明和蒸蒸日上的气息。三是将送春联看作为民办实事的一种方式。政府文化三下乡送春联，与商家送春联的行为不同，它是一项民心工程，是为了农村文化建设，体现党和政府对群众的关心。"家家户户贴春联，欢欢喜喜迎新年""政策催春春光永驻，科学接福福泽无边"，送春联是实实在在地为群众办事，受到了群众的欢迎。

（三）文字护身的长命锁

旧时给孩子的挂饰中，最常见的是长命锁。长命锁也叫"百家锁"。民众认为给小孩挂长命锁，可以压惊辟邪、驱鬼禳灾、祈福祷寿，故不论贫贱富贵，都要为孩子配上一副长命锁。旧时这种做法很流行，根据家庭经济状况，可配金锁、银锁、铜锁、铁锁或镀铜锁、镀金锁、镀银锁几种；也可以此给孩子命名，具有同样的效用。早先的长命锁多为银制，呈旧式锁状，一般正面镌刻"长命富贵""长命百岁"等字样，"百"取"圆满、完全、百岁"之意，为的是用百家福寿锁住小儿的生命；背面镌刻麒麟图案，表示"麒麟送子"，也有镌刻"龙""虎""寿"等字样的。

有的家庭太贫穷，干脆不买实物，用乳名替代，给孩子起名叫"金锁""银锁""铜锁""玉锁""铁锁""大锁""锁住""小锁子"等。

长命锁一般在孩子百日时佩带，叫"锁关"；摘锁的时间在小孩十二岁的时候，叫"开关"。

第六章　吉祥文字的继承与创新

吉祥的文字，文字的吉祥。在中华文化圈内，"吉祥"是任何一个民族的向往，是任何一个民众的期盼。

一、吉祥文字的构成特点

（一）构成形式

纵观中国汉字的发展历史，我们很容易发现，文字有两条截然不同的道路：一条是文人雅士的实用性应用型与书法艺术化道路；一条是民间装饰性美化型图案化道路。这两条道路都体现了我国吉祥文化的一些特点，但第二条道路是我国吉祥图案构成的主要道路，做出的贡献最大，也是体现汉字吉祥含义最重要的内容。汉字的义、形、音间的关系和逻辑联系，均成为汉字吉祥意义的主要构成形式。

1. 形意形式

形意形式就是利用汉字的表形、形体变化等特点，构成吉祥文字，表达吉祥的含义。具体方法有三种：

第一，表形象形。文字起源于图画，是由一定的图形和一定的语言单位相结合并且固定下来以后逐步形成的。文字的表形特点是汉字最原始、最基本的特点。其中最原始的和充当后来形声字偏旁的，都是表形字，我们叫"象形文字"。比如"木"就画成树的样子，"火"就画火苗的样子，繁体字的"门（門）"和"车（車）"就像门和车。金文中的象、马、牛、羊、鱼、鼠等字也都是描摹动物的样子。

吉祥文字有一部分表形文字是符号，形体既没有明确的意义指向，也没有读音标志，它和词的对应关系完全靠约定俗成。这些大多是利

用汉字形体字的特点创造的。

表形是用描摹客观事物外部形象的方式记录和表达该事物的。这种表达形式使人们一眼就可以看出所描摹的是什么物体。这也是早期文字最主要的造字方法，例如各种象形图画、早期的象形字。

描摹表形后来慢慢发展为笔画文字，用笔画表意，形成了一些笔画简单、结构单一的独体字，也是最常用的基本汉字，如人体方面的人、手、口、舌、牙、耳、目、足，自然现象方面的日、月、星、光、云、风、电、雨、金、火、木、水、山、田、土、石，动植物方面的虫、鱼、鸟、贝、羊、龟、鹿、犬、丝、毛、皮、麻、竹，农作物方面的米、谷、禾，生活方面的衣、食、住、行，人伦方面的父、母、儿、女，等等。后来为了描摹比较复杂的客观事物，人们便把两个或两个以上的独体字合在一起，构成结构比较复杂的合体字，如合日月为明、合三日为晶等，相同偏旁合成的合体字最多，表达的意思也最为直接，如林、非、比、棘、册、弱、誩、屾、竸、祘、吕、朋、喆、昌、出、羽、从、双、圭、赫、哥、多、炎、牪、焱、淼、鑫、森、品、磊、众、蠱，等等。民间创造的合体字更多，如囍、孖、槑、鑫、羴、犇、驫、猋等，这就是我们所说的"会意"造字方法。一"木"是"树"，两"木"成"林"，三"木"成"森"；一"火"是"火"，二"火"成"炎"，三"火"成"焱"；一"水"是"水"，三"水"成"淼"；一"石"是"石"，三"石"成"磊"；一"车（車）"是"车"，三"車"成"轟"；一"鱼（魚）"是"鱼"，三"鱼"成"鱻"；一"羊"是"羊"，三"羊"成"羴"。民间创造的合体字更为复杂，有时干脆把两个字的吉祥词语合为一个汉字字形，读的时候，又读成两个音节，甚至多个音节，例如囍读作"双喜"；甚至还有将一个词语、一句话合为一个字形的，如将"大吉"合为上下结构的一个字，把"招财进宝"合成一个半包围字形。

由于汉字的这个特点，所以就有了表形、表意而不表音的文字类型的符号，这种文字符号可以横写，也可以竖写，可以向右写，也可以向左写，可以进行拆分，也可以进行合体，可以单独表示意义，也可以和别的符号一起表示意义，只要意思清楚即可。

这种创造方法同样可以用在汉字与事物图案甚至是行为的相合上。例如：寿字与五只蝙蝠组成的图案，读成"五福捧寿"；倒贴福字读成"福到了"；等等。

第二，变体。变体即改变原有的某一个字的字形来表意。女书是流传在中国湖南省江永县潇水流域的农家女专用文字，主要用于诉苦。女书字符为斜体，呈"多"字形，是方块汉字的一种变异形态。

汉字有两类变体：一类是字体变体，如汉字在发展过程中逐渐形成的真、草、隶、篆、手写体与印刷体等，这些字体的演变不光使汉字越来越简化，越来越好看，而且形成了别具风格的书法类型，增添了汉字书法的无穷魅力。另一类是字形变体，如一个汉字往往有繁体、简体、正体、异体或俗体等多种写法，尽管使得汉字复杂化了，但也丰富了汉字的表达方式。

有很多吉祥文字是对汉字的笔画和结构进行合理变体产生吉祥意义的。主要是在原有汉字的基础上增减笔画（一般是减少笔画）或改变某些笔画的方向来形成吉祥意。

归纳起来大致主要有变化字体的外形、变化字的笔画、变化字的结构、装饰字的本体和背景、倒文、反文、半文、省文等几种形式。如"寿"字据说有三百多种变体，字形长的叫"长寿"，字形圆的叫"圆寿"或"团寿"。

第三，图案化。如"双喜"以及与其相搭配使用的喜鹊、喜蛛、獾、鹳等动物所构成的吉祥图案，表达了"双喜临门""欢天喜地""喜从天降""喜上眉梢""龙凤双喜""双凤双喜""鸳鸯双喜""开门见喜"等吉祥意义。

再如"松鹤延年""松柏常青""连年有余""福寿双全""五福捧寿""多福多寿""福寿双全""百寿图""双百寿图""万寿团""如意寿字团""寿桃""寿星""寿石""仙鹤""绶鸟""灵龟""猫蝶""松柏""灵芝""菊"等，都是通过寿字与其他图案的配搭来表现吉祥意义,同时也是"寿"字读音意义化的结果。

2. 谐音形式

谐音形式就是利用汉字同音或近音的条件,用同音或近音字来代替本字,使人产生联想。谐音属于隐性语义,就是利用这个字的读音,表达另外一个有吉祥意义的汉字的意思。由于它受特定语言环境的制约,所以在语言交际过程中不会产生异义。如花生,它的显性含义就是一种油料作物,含有落花、生根、结果的意思;但是在结婚的场合,它的隐性含义则是取"生孩子"的意思,可以与枣谐成"早生",与桂圆谐成"生贵子";也可取花为"花插""花花",即"男女搭配着"的意思,生仍为"生孩子",取义"有男有女,儿女双全"。而鸡,则既可以谐音"吉",被用在各种喜庆仪式上;又谐音"姬"而用在菜谱中,如"霸王别姬"。一个字或词的几种隐性含义由交际场合决定。

陕西合阳一带有积麦秸的习俗。在积麦秸时,站在下面的人把一捆麦秸往垛上扔,一个有经验的农民则在垛上负责堆积摆放:在麦秸快要垛成的时候,站在垛上的人要向主人发问:"今年要积啥?"主人要快速地回答"馍馍积"或"罐罐积",前者表示粮食有余,后者表示财源旺盛。主人要是反应不过来,回答不出,大家便会哄笑一堂,"积"的意义也大打折扣。这里,便是利用积麦秸"堆积"的"积",谐音双关,引出"积"字积粮积钱表示"积蓄"的吉祥寓意。

在婚礼仪式上,人们将半生不熟的食品如饺子、糕、面条端给新娘吃,当新娘咬第一口时,问:"生不生?"新娘则必须回答"生"。这里的"生"便是双关语,一是说面食没有煮熟,一是说生儿育女。

有的谐音与同音字有关系。丰富的同音字是构成谐音吉祥字的基础。同音字就是现代汉语里语音相同但字形、意义不同的字。所谓语音相同,一般是指声母、韵母和声调完全相同。汉语中同音字、词甚多。汉字数量巨大,《康熙字典》收字47000多个,《中华大字典》收字48000多个;作为一般读者对象使用的《新华字典》,也收字8000多个。根据汉字的使用频率,一般常用汉字在6000个左右;这些汉字的读音绝大部分是一字一音，但是将这些字音合起来，却比汉字少得多，只有1200多个。用1200多个音去读几万个汉字，就出现了"同音字"。据统计，常用同音字7785个，只有414个音。通用字中，同音字10个以上的，超过了半数（52%）。如在《新华字典》里，b字母的63个拼音中，55个拼音里有同音字。lì这一拼音下的字就有栗、吏、历、例、俐、荔、励、立、雳、粒、璃、沥、痢、厉、砺、利、隶、莉、力、丽、枥、轹、呖、栎、苈、篥、粝、猁、唎、跞、傈、疠、詈、郦、坜、砾、苙、唳、俪、笠、溧、蛎、戾等。如果不联系特定的句子，有时根本就弄不清指的是什么，甚至还会出现意思完全变了的情况。

谐音多利用谐音字。如常见开张开业的喜联上大书"金日开业"，就是利用"金""今"谐音转换而成为口彩语的。民间情歌经常用谐音双关的表达方法来含蓄而深情地表达爱情，如用"莲"谐音双关"恋"，既表达了相恋之情，又树立了所恋之人的形象，比喻相恋的纯洁高雅。莲字就成了表达爱情的吉祥字。

谐音有许多是通过实物去表现的，这些实物成了谐音民俗的载体，我们称之为民间谐音吉祥物。这些吉祥物用谐音形式表示意义，即它们的名称都能表示吉祥意义。如"柴""菜"在有些地方谐音"财"，便成了"招财进宝"的道具；又如"栗""蛎""鲤"谐音"利"，"鸡""鲫"谐音"吉"。求孕妇女在吃瓜的时候，总要受到一些好心人的询问："有籽没有？"而这些妇女必须回答"有"。"多不多？""多！"在这里，"籽"因谐音"子"而成为生育吉祥物。浙江沿海渔民年除夕下午祭船官老爷，用猪头、猪耳、猪舌头，但当地人避舌为"赚"，所以这三种祭品表示取利之彩头、顺风、有赚头之义。猪头、猪耳、猪舌便成为很多仪式的吉祥物。

同一个字往往有不同的谐音字，表示不同的隐含意义。如"八"，在南方与"发"谐音，代表发家致富，大发横财，而在有些地方则谐音"巴"，是生活艰难、困苦的意思。另一方面，梨、蛎、栗都是同音字，但梨只能谐音"离"，表示分离，而蛎、栗却谐音"利"，表示大吉大利。

也可用抽象的艺术形式谐音，即以物形谐音，也就是不用实物而用剪纸、挂千、年画、符帖等民间艺术形式去表达意义。

另外一种利用谐音构成吉祥寓意的方法是借事相谐，即借动作与一定意义的字音相谐，取其隐含意义。如"双喜临门"，就是把两个"喜"字组成一个符号，然后把它贴在门上，光有两个"喜"字不行，必须有贴在门上这件事，才组合成"双喜临门"。再如我们上文提到的"福到了"，必须将"福"字倒贴，才能构成"福到了"。

吉祥文字的谐音多用来暗喻事物，如年年有鱼（有余）、年糕（高升）、过年吃桔（开吉）、包粽（包中）。例如在羊年里，谐音形式的贺词有：喜气洋洋、三阳开泰、洋洋得意等。大家都觉得"八"这个字吉利，因为在南方，"八"与发财的"发"谐音。在春节期间，这类文化的特点更是发挥得淋漓尽致。雕刻、年画图案上面刻的有两条鱼、荷叶、藕，这寓意着"连年有余"；一个胖胖的憨态可掬的小猪（祖），背上驮着三个叠在一起的个头逐渐减小的猴（侯）子，寓意着"祖祖辈辈升官封侯"；一个大象（相）背上驮着一个猴（侯）子，寓意着"封侯称相"；白菜寓意着"百财"；葫芦寓意"禄"；百合花寓意"百年好合"；上面一个如意、下面一颗人参（人生）组成的工艺品寓意"如意人生"；大象寓意着"吉祥"；核桃也是吉祥之物，核字谐音和（合），寓意合家幸福平安、和美生财、家和万事兴。

蝙蝠的"蝠"与"福"谐音，故在吉祥图案中，蝙蝠就成了幸福和福气的象征，并且构成了很多种吉祥图案，如"福在眼前""五福捧寿""福寿双全"；鱼和"余"谐音，鲶鱼和"年""余"谐音，戟、磬分别和"吉""庆"谐音，于是构成了"连年有余""吉庆有余"等吉祥图案；莲和"连"谐音，笙和"生"谐音，桂圆的"桂"和"贵"谐音，组合在一起就成为"连生贵子"。①

---

① 参见张廷兴：《谐音民俗》，中央民族大学出版社，2000。

民间常用的谐音吉祥字有：

鞍——安：旧时婚礼举行跨鞍仪式，取"平安"之意。

八——发："888"寓意"发发发"。

柏——百：百事大吉。

卜——福：旧时萝卜称为"萝菔"，民间有春节吃萝卜求福的风俗。

材——财：棺木俗称"材"，谐音"财"。

菜——财：春节吃生菜，谐音"生财"。

柴——财：有些方言"财""柴"不分，故春节有送柴风俗。

秤——称：婚礼用秤，义为"称心如意"。

绸——稠：用绸料做嫁衣，祈愿子多福多。

葱——聪：用在祈子仪式中，取"聪慧"之意。

灯——丁：用在祈子或庆贺新生儿诞生的仪式中，取"添丁"之意。

钉——丁：用在祈子风俗中，取"添丁"之意。

蝶——耋：用在贺寿图中，寓意长寿。

斗——升：斗，俗称"升"，取"步步高升"之意。

斗——陡：在婚礼的斗中放有麦麸，取"陡富"之意。

蝠——福：蝙蝠在民间象征福。

腐——福：民间春节喜用豆腐，取义"都有福"。

糕——高：枣糕，谐音"早高"。

瓜——娃：祈子吉祥物。

棺——官：谐音解梦方法，俗信以为梦中遇到白事、棺椁视为吉利。

桂——贵：组成"早生贵子"的彩语，或取"富贵"之意。

盒——和：用在民间图案中，取"和睦"之意。

鸡——吉：取"吉利"之义。

今——金："金日大吉"，用于店铺开张。

九——久：为吉祥数字，久长之意。

橘——吉：春节送金橘，谐"金吉"。

第六章 吉祥文字的继承与创新

裤——富：有些方言"裤""富"不分，故民间有新娘缝裤风俗。

栗——利、立：取"立子""吉利"之意。

蛎——利：同上。

莲子——恋子：民歌中常用"莲子"借指所爱恋的人。

梁——粱：民间喜用榆木为梁，谐音"余粱"。

鹿——禄：鹿为民间吉祥图案，取"福禄"之意。

猫——耄：用作祝寿图案，寓意长寿。

梅——媒、眉：要梅、送梅象征求偶。

瓶——平：民间吉祥图案，取"平安"之意。

芹——勤：育儿风俗，送芹菜而贺生子。

笙——生：用在催生礼俗中。

柿——事：柿饼、柿子多用在春节中，取义"百事大吉"。

瘦——寿：瘦石是长寿的象征。

丝——思：常用丝表达思念。

碎——岁：取"岁岁平安"之意。

蒜——算：取"知数""会计算"之意。

童——同：民间以童谐音"同"，构成"普天同庆""同贺新禧"等图案。

蟋——喜：民间以蟋子为喜兆。

咸——贤：民间把盐放入婚嫁嫁妆中，取"贤惠"之意。

象——祥：民间以大象为吉祥图案，取"吉祥"之意。

鞋——谐：新娘向婆家人赠鞋，取"和谐"之意。

杏——幸：民间喜用杏木做门板，取"幸运"之意。

羊——祥：旧以羊为聘礼，取"吉祥"之意。

酉——有：民间春节有张贴"酉"字的风俗，寓意五谷丰登，家里富有。

鱼——余：民间用鱼表示"有余"。

榆——余：民间喜用榆木做梁，取"有余"之意。

柏籽——百子：民间用其表示子嗣旺盛。

柱——住：民间喜用"柱子"为乳名，以求永驻、不生病、顺利成长。

3. 会意构成

从"万福图""万寿图"的形式，到民间吉祥字和道教符箓的象征，由于自身的特点，汉字始终保持着表意和图像之间的张力。

在吉祥文字里，有一些是字符，有的是几个字合写在一起，读的时候不能当成一个音或者一个会意字，如民间经常用的"招财进宝"和"黄金万两"合体字。

招财进宝与黄金万两

有的是用会意的形式组合成一个字体，却读成两个字两个音，如"双喜""新禧"。

有的则用字数与文字会意合意，构成我国特有的艺术图卷，如《万福图》《百寿图》等。

道教的符箓则是汉字的变形和变体、合体，被包装为具有除凶化吉神秘功能的文字。

人们对这些文字、字符的发展体现了人们的创造力和审美情感。这种发展包含从部落图腾演变到汉字再到中国传统文化的象征意义的两次大飞跃。

（二）构成的特点

1. 地域性特点

在闽南地区的婚礼场合常听到一些吉祥歌谣、谚语，叫作"说四句"。"说四句"在婚庆中一直贯穿婚礼的整个过程。如：

新娘新郎来吃圆，吃到一家团团圆。顶厅放谷，下厅放钱。

卜食（要喝）新娘一杯茶，互恁（你）一年生双个。一个手里抱，一个土脚爬。

食恁一支烟，互恁尪某年年春，食恁一杯茶，互恁年底生双个。

这些吉利话是借用汤圆、新茶、香烟的谐音来表示吉祥意义的。

此外，过年要蒸年糕，谐音"年高"；年夜饭菜插红花称"红春仔"，因"春"与闽南话"剩"谐音，寓富余之意；围炉吃火锅，吃肉丸（圆）、鱼丸（圆），加上家人欢聚，合称"三元"；有的吃排骨汤加肉丸，寓意"骨肉团圆"。此外还有"菜头"谐音"彩头"，"豆腐"谐音"都富"，"蚵仔兜"（海蛎拌薯粉制成）谐音"兜金兜银"，吃甘蔗寓"节节甜，年年好"。

在台湾，除夕要准备春饭和甘蔗。"春饭"就是在盛得尖尖的米饭上插上剪纸的春字，因为闽南话"春"与"剩"谐音，意为"岁岁有余粮，年年食不尽"。竖放在大门后面的两根连须带叶的甘蔗叫"长年蔗"，取又长又甜、家运吉利之意。桌上一定要有芥菜，叫"长年菜"，象征命长。桌上要有"韭菜"，"韭"和"久"谐音，象征长寿。鸡的谐音"家"，"食鸡起家"，可大振家声，所以还必须有鸡肉。

在粤语中，数字"8"尤其受到人们的青睐，因为"8"与其方言的"发"字谐音（声母不同，但韵母与声调均同）。广东人最喜欢选用的一组数字是以"168"结尾的数组，如电话号码、手机号码、车牌号码、房号、邮箱地址等，因为"168"在粤语中与"一路发"谐音，取"不停地发财"这一吉祥意。其他数字也深受欢迎，如"9898"（久发久发）、"198"（要久发）等，有的还把"8""9""6"等数字重叠在一起，如"888""999""66"等。此外，数字"3""6""9"等也较受青睐。这些数字在粤语中的读音与表示吉祥、美好愿望等字的读音相同或相近，因而人们在选择结婚日期、电话号码、房号等涉及数字时会不自觉地挑选它们，并形成了独特的数字文化。

如果在购物讨价还价的时候，用以上这些吉利数字，广东的老板们就会很高兴。过年的时候，人们总是很喜欢用有头的生菜并绑上几根葱和蒜作为回礼馈赠给来访的亲友，寓意有头有尾、和气生财、聪明伶俐、顺顺利利，因粤语的"生菜"与"生财"谐音，"葱"与"聪"谐音，"蒜"与"顺"谐音。此外，回礼中也肯定要放上一对橘子，因方言"桔子"中的"桔"与"吉"同音，寓意出门大吉大利。凡是未婚的青少年在串门时总会收到已婚的亲朋好友或邻居给的红包，乖巧的小孩伸手拿红包时，还不忘在主人面前送上一句广东人最爱听的"恭喜发财"，然后才是"利是逗来（拿来）"。在粤语中，人们称"红包"为"利是"，与"利市"谐音，取生意兴隆的吉祥意。他们还把"空屋""空铺"称作"吉屋""吉铺"或"旺铺"，出租房屋写成"现楼交吉""旺铺招租"。因"空"在粤方言中与"凶"同音，如果"空"与居住地或商铺联系在一起便是不吉利的，因此广东人又找了一个与其谐音字"凶"意义相反的"吉"字来取代它，以图大吉大利。

此外，人们还把"黄瓜"（"黄"姓人特别忌讳，因"瓜"在粤语中有"死"的含义）称作"青瓜"，把"苦瓜"称作"凉瓜"，把"伯母"（"母"与"无"同音）称作"伯娘"，把"伞（与"散"同音）"称作"遮"，等等。①

2. 民族性特点

有的民族有自己的文字、语言，多使用自己本民族的吉祥文字。

如藏民过年时张贴用藏文书写的扎西德勒字符，在各种器物上刻上扎西德勒字符，以图吉利。印有扎西德勒藏文字符的哈达最为珍贵。吉祥字符除了常用的扎西德勒，还有扎西德勒彭松措（愿吉祥如意美满）、阿妈巴卓工康桑（愿女主人健康长寿）、登杜德哇涛巴学（愿岁岁平安吉利）、朗央总久拥巴秀（愿年年这样欢聚）等。

---

① 许结玲：《粤方言区吉祥语的文化意象》，《现代语文（语言研究版）》，2006（3）。

3. 时代性特点

旧时,各地多在年画、刺绣(苏绣、蜀绣、湘绣等)、印染、陶瓷、剪纸、木雕、石刻、砖雕、木器家具等方面用吉祥文字。1980年10月,江苏泰州明代徐蕃夫妇合葬墓出土了徐蕃妻的贴身内衣背心,其后背外面缝了5枚厌胜钱,钱文分别为"风调雨顺"(上)、"天下太平"(中)、"国泰民安"(下)、"极乐潇(逍)遥"(右)、"早升仙界"(左),皆有吉祥寓意。

古时,民间雕刻门墩通常会刻上"金折子""万字迭不断""灯笼角""龟背图""金砖墁地""暗八仙""松鹤延年""双喜临门""六合同春""一本万利""二龙戏珠"等吉祥图案。过去有些妇女还会捏面羊,所谓面羊其实就是面塑、面花,造型多有"寿桃""钱龙""大枣山"等吉祥图案,寓意吉祥。

民间曾长期流传"鸳鸯"图案和"连理"纹样。《客从远方来》:"文彩双鸳鸯,裁为合欢被。"梁武帝的《秋歌》:"绣带合欢结,锦衣连理文。"《西京杂记》曾提到有鸳鸯纹的"鸯锦",南朝则有"鸳绮",唐代又有"鸳被",直至近现代还有"鸳鸯被""鸳鸯履""鸳鸯兜肚""鸳鸯荷包"。

二、文字与吉祥的发展变异

(一)商业化发展变异

在市场经济条件下,吉祥文字主要受商业化因素的影响。

1. 商品化

吉祥文字被当作各种商品进行包装,被大量制作生产出来,作为商品,成了各种装饰品。

2. 文化包装

一般的商品只要用吉祥文字做包装,便具有了中华民族传统文化的韵味,多深受民众的喜欢。

3．商标侵权

由于吉祥文字的市场效应和经济利益，吉祥文字具有了一定的独占性，一旦进入商标领域，就要受到法律的保护。如果出现雷同，就可以追究法律责任。

（二）民间吉祥文字的变异

民间吉祥文字的变异主要形式有两种：

1．字典上见不到的"字"

人们利用汉字的造字特点，制造了大量字典上见不到的吉祥文字。我们称之为吉祥文字符号，而不能称之为文字。因为文字一般是一个字一个音节，而这些吉祥字符则是一个符号有多个读音，或者表示一个词组的意义，甚至多个符号共同组成一个意义，如双喜、百福、招财进宝、黄金万两等的民间写法。

2．花鸟文字

民间还有一些吉祥文字，将字体演化为美丽的花鸟图案，使文字具有了花鸟般美丽的形体。这就是民间的花鸟文字。我们在旅游景点见到的专门用画笔给游客书写姓名匾额的民间书法家，使用的字体一般就是这种花鸟文字。

参考文献

[1] 葛兆光. 中国宗教与文学论集 [M]. 北京：清华大学出版社，1998.

[2] 张廷兴. 谐音民俗 [M]. 北京：中央民族大学出版社，2000.

[3] 刘德龙. 民间俗信与科学文化 [M]. 济南：山东教育出版社，2002.

[4] 刘德龙，张廷兴. 民俗文化资源开发论纲 [M]. 北京：中国档案出版社，2005.

[5] 刘德龙，张廷兴. 生肖龙 [M]. 济南：齐鲁书社，2005.

[6] 张廷兴，梁熙成. 永福福寿文化丛书：永福福寿文化志 [M]. 北京：中国档案出版社，2007.

[7] 李群. 民俗 [M]. 济南：山东友谊出版社，2008.

[8] 刘德龙. 风俗画卷 [M]. 北京：中国言实出版社，2008.

[9] 山东省地方史志编纂委员会. 山东省志：民俗志（1840—2005）[M]. 济南：山东人民出版社，2016.

后 记

本书是比较系统地研究和传播吉祥文字的一本著述。在中华民族五千多年的发展进程中，吉祥文字始终代表着民众最朴素的愿望，是中华吉祥文化最典型的表现之一。汉字的产生和发展表达着人们对美好事物的向往和追求，也表达着向善向吉、避凶就吉的心理，从而形成了博大精深的吉祥文字。本书通过细致的讲解和丰富的图片，展现了汉语中特有的丰富的吉祥文字现象。

作为专论吉祥文字的一部专著，我们不仅仅对吉祥文字进行系统深入的研究，使人们对吉祥文字有更全面、更透彻的理解和把握，而且也期望在中华民族优秀传统文化的传播方面起到宣传、普及和推动作用。

本书集中大量常用的、实用的吉祥文字，既可以作为资料，也可以作为查询的工具书，体现了研究、普及与应用的主旨。本书还配有大量的插图，以图文并茂的形式介绍我们的吉祥文字，使其更加形象生动。配合《中华吉祥文化丛书》的其他专著，相信这本书能够为中华吉祥文化的传播、弘扬起到很好的作用。

本书从撰稿到多次修改成稿，历经十年之久，得到了张廷兴教授的大力相助，在此表示衷心的感谢。

特别感谢泰山出版社的胡威社长和梁晓东主编以及其他编辑同志，他们非常辛苦地组稿、修改、定稿，并且申报了图书出版资助项目，使本书得以顺利出版，感谢他们的辛勤付出。

还要感谢本丛书的其他各位作者，他们都是我多年的好朋友，在从编写到定稿的这十年时间里，付出了很多精力和时间，谢谢他们！

作者

2008 年 7 月 26 日初稿

2018 年 10 月 4 日定稿